Andrea Sokol

Das Alles-verwenden-Kochbuch

Meine pflanzenbasierte Zero-Waste-Küche

Lebensmittel und Rezepte

Liebe Leser*innen, vielen Dank, dass Sie sich für das Thema „Alles verwenden" interessieren und herzlich willkommen in meiner Ohlala-Gemüseküche!

Bevor wir zum Protagonisten dieses Buchs, zum Gemüse, kommen, möchte ich mich und meine Motivation, dieses Buch zu schreiben, kurz vorstellen:

→ Ich bin Köchin und Esserin aus Leidenschaft. Jahrelang habe ich mit Köchen wie Holger Stromberg, Christian Henze, Stefan Marquard, Hans Haas und auch mit Eckart Witzigmann zusammengearbeitet. Die „konventionelle" Küche ist mir also nicht fremd.

→ In meinem eigenen Restaurant, das ich zwölf Jahre lang in München geführt habe, habe ich selbst gekocht und ständig viele neue Rezepte entwickelt. So habe ich nach und nach meinen komplett eigenen Stil gefunden. Mehr und mehr habe ich auf tierische und auf bereits industriell vorverarbeitete Produkte verzichtet. Schnell habe ich bemerkt, dass ich durch diesen neuen Koch- und Ernährungsstil vitaler und leistungsfähiger geworden bin. Essen und Kochen machten wieder viel mehr Spaß. Neues auszuprobieren und eintönig gewordene Routinen abzulegen, bereicherten nicht nur meine Restaurant-Speisekarte, sondern auch mein eigenes Leben ganz enorm.

→ Mit diesen neuen Erkenntnissen und einer Lust auf Kreativität wurde ich nun immer neugieriger und wollte mehr über Ernährung wissen. Es war mir wichtig zu verstehen, wie und warum eine ausgewogene pflanzliche Ernährung mit vielen natürlichen Vitaminen, Mineralstoffen, Spurenelementen so eine kräftigende und vitalisierende Wirkung auf uns haben kann. Deshalb habe ich zusätzlich eine Ausbildung zur ganzheitlich zertifizierten Ernährungsberaterin gemacht. Hier wurden mir dann die Zusammenhänge in unserem Körper sehr klar, der Metabolismus, die Funktion unsere Organe, der Zellstoffwechsel und die Verdauung.

→ Um zu wissen, was in Lebensmitteln steckt, habe ich anschließend ein Studium der Phytologie und Pflanzenkunde absolviert. Hier habe ich mich dann mit den Inhaltsstoffen, dem Wachstum und Aufbau von Pflanzen und ihrem Mehrwert für unsere Ernährung befasst. Die positiven Auswirkungen einer ausgewogenen pflanzlichen Ernährung auf Gesundheit und Wohlbefinden haben mich immer mehr begeistert. Schnell wurde mir klar, wir essen zu wenig Lebensmittel, die noch echte Vitalstoffe enthalten.

Meine pflanzlichen Rezepte sind überwiegend basisch, gluten- und laktosefrei und ohne Industriezucker. Sie bestehen aus natürlichen, gesunden, frischen und farbenfrohen Zutaten, die eine ausgewogene Kombination an Inhaltsstoffen bieten. Darüber hinaus liefern sie uns Ballaststoffe, die wir in unserer heutigen Ernährung leider immer mehr vernachlässigen. Gerade diese sind aber für ein intaktes Mikrobiom, also eine Symbiose in unserer Darmflora, sehr wichtig. Zudem spielt auch die Nährstoffdichte, die wir mit unseren Lebensmitteln zu uns nehmen, eine große Rolle für den Zustand und die ausgeglichene Besiedelung unserer Darmflora. Deshalb sollten wir uns bunt und abwechslungsreich ernähren.

Des Weiteren hat mich auch die effiziente Verarbeitung der Lebensmittel immer mehr interessiert. Warum nutzen wir beim Kochen nur einige Teile von Obst und Gemüse? Obwohl wir alle schon einmal gehört haben, dass die meisten Nährstoffe in den Schalen, den Blättern oder den Kernen sitzen, landen sie trotzdem in unserer „modernen" Küche im Abfall. Das liegt ganz klar auch daran, dass wir einfach nichts mehr damit anzufangen wissen! Dieses Buch wird das ändern und neue Ideen für eine sinnvolle und köstliche Verwendung liefern.

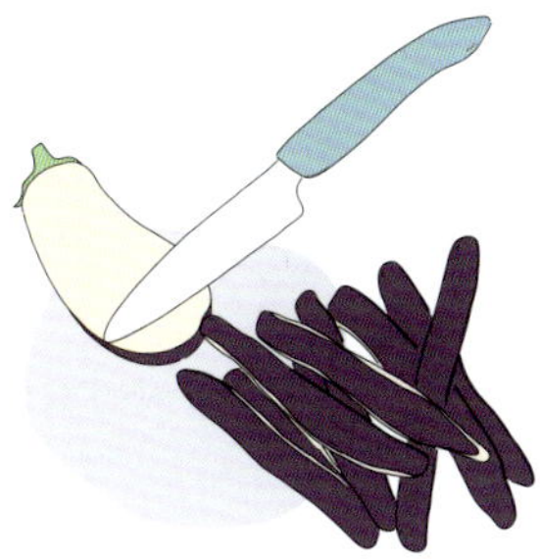

Convenience Food: ein leeres Versprechen

Unser Essverhalten von heute würde ich mit „Quantität statt Qualität" beschreiben. Wir essen zwar viel, aber oft mit sehr geringem oder gar keinem Nährstoffgehalt. Die Auswahl an Nahrungsmitteln in unseren Supermärkten ist so groß wie nie zuvor. Zumindest auf den ersten Blick sieht es so aus, als würde uns ein vielfältiges Angebot für eine abwechslungsreiche Ernährung zur Verfügung stehen. Wenn man aber genau hinschaut, handelt es sich bei den schnell verfügbaren Snacks und Mahlzeiten oft um Fertigprodukte mit immer wieder den gleichen Zutaten und Zusatzstoffen. Das sogenannte Convenience Food sind industriell verarbeitete Nahrungsmittel, die durch Präparierungs-, Erhitzungs- und Konservierungsprozesse keine wirklichen Vitalstofflieferanten mehr für den menschlichen Körper sind. Unsere Einkaufstüten und Teller sind meist sehr gefüllt, gefühlt gibt es alles zu kaufen und zu essen. Nur haben wir nicht das, was wir wirklich bräuchten, nämlich Lebensmittel, die uns mit wichtigen Nährstoffen versorgen.

Nahrungs- vs. Lebensmittel

Ich unterscheide hier ganz klar zwischen Nahrungsmitteln, die uns zwar kurzzeitig sättigen, aber keine wirklichen Vitalstoffe mehr enthalten, und Lebensmitteln, die uns vitalisierende Inhaltsstoffe bieten und uns lebendig halten.

Genau diese Vitalstoffe sind es, die unseren Stoffwechsel und damit auch unsere Fettverbrennung auf Hochtouren bringen. Jeder dieser Vitalstoffe hat seine spezielle Aufgabe und das Fehlen dieser Vitamine, Spurenelemente, Mineralstoffe, Ballaststoffe, Enzyme und ungesättigten Fettsäuren in unserer Ernährung kann zum Beispiel zu Stoffwechselstörungen führen. Dadurch können dann sogenannte Zivilisationskrankheiten entstehen wie Diabetes, Herzinfarkt oder Übergewicht, Allergien, chronisch entzündliche Darmerkrankungen und Lebensmittelunverträglichkeiten, um nur einige zu nennen.
Die Vorteile einer pflanzlichen Vollwerternährung hingegen sind ganz klar: Sie ist gesund, lecker, umwelt- und klimafreundlich.

Zero Waste

Lange Zeit habe ich mich gefragt, ob die in der Küche anfallenden Reste denn auch wirklich Abfall sind? Und siehe da, meine Antwort auf diese Frage lautet ganz klar: Nein! Wir haben die Reste bislang nur unterschätzt. Genau in den Obst- und Gemüseteilen, die wir wegwerfen, stecken wichtige Nährstoffe. In meinen Zero-Waste-Rezepten kommen auch Schalen, Kerngehäuse, Blätter, Strünke und Stiele zum Einsatz – wir können viel mehr verwenden, als wir denken! Der Clou: Diese Art des Kochens und der Ernährung ist nicht nur für unsere Gesundheit von Vorteil und stärkt unser Immunsystem, sondern ist auch ein großer Mehrwert für unsere Umwelt und unseren Geldbeutel.

Endliche Ressourcen

Wenn man sich vor Augen hält, dass sich in den letzten 50 Jahren die Weltbevölkerung verdoppelt, der Verzehr von Nahrungsmitteln verdreifacht und der Verbrauch von fossilen Rohstoffen vervierfacht hat, dann ist es meiner Meinung nach an der Zeit, keine Lebensmittel mehr zu verschwenden.
Um den Verbrauch von natürlichen Ressourcen darzustellen, gibt es jedes Jahr einen Earth Overshoot Day, den Welterschöpfungstag. Ab diesem Stichtag bauen wir ein ökologisches Defizit auf und verbrauchen für den Rest des Jahres mehr natürliche Ressourcen, als sich in einem Jahr regenerieren könnten. Die Menschheit betreibt Raubbau.
2020 fiel der Welterschöpfungstag auf den 22. August. Im Vergleich: 1970 fiel er auf den 29. Dezember und im Jahr 2000 war es schon der 1. November.

Neue Vielfalt, neuer Lifestyle

Meine Rezepte sollen die Leser*innen inspirieren, eine pflanzliche Ernährung neu zu entdecken. Hier möchte ich Ihnen die Vielfalt von Gemüsen und Getreiden, ob für süße oder herzhafte Gerichte, mitsamt ihren ganzen Inhaltsstoffen aufzeigen. Es ist zudem eine ausgewogene, abwechslungsreiche Ernährung voller Vitamine, Mineralstoffe, Spurenelemente, Ballaststoffe, Eiweiße, Kohlenhydrate und gesunder Fette. Eine solche frische und lebendige Küche macht uns fit und leistungsfähig. Oft werden Gemüse nur als Beilage und Kräuter nur als Dekoration auf unserem Teller angerichtet. Wenn wir das ändern, hat es wirklich viele Vorteile für Gesundheit und Lifestyle, wir bekommen mehr, als wir denken.

Meine Rezepte sind schnell umzusetzen und so aufgebaut, dass sie gleich für mehrere Tage vorgekocht werden können. So können wir eine gesunde und abwechslungsreiche Ernährung in unseren Alltag einbauen, ohne auf Convenience Food zurückgreifen zu müssen. Auch wenn einige Rezepte in der Zubereitung zu Anfang vom Ablauf her etwas ungewohnt sind, werden Sie schnell Spaß an ihnen finden. Wahrscheinlich werden Sie zudem selbst Lust aufs Experimentieren bekommen und eventuell ungewöhnliche Zutaten miteinander neu kombinieren. So können wir schmackhaft kochen und dabei unsere Geschmacksknospen für natürliche Aromen sensibilisieren und ihnen neue Reize bieten.

Clever einkaufen und lagern

Beim Einkauf achte ich darauf, dass meine Gemüse und Zutaten so frisch wie möglich sind. In den einzelnen Warengruppen beschreibe ich, an welchen Merkmalen wir Frische erkennen können.
Wird ein Kohlrabi oder ein Blumenkohl schon ohne Blätter angeboten, sind sie wahrscheinlich schon entfernt worden, weil sie welk geworden sind und dadurch das gesamte Gemüse weniger frisch wirkt. Sie können sich wahrscheinlich vorstellen, dass mir dabei das Herz blutet, wenn ich das mal so schreiben darf.

Wir sollten daher die Lagerung unseres Gemüses überdenken, denn auch dadurch könnten wir sehr viel Lebensmittelverschwendung vorbeugen. Dabei ist es eigentlich ganz einfach: So wie Pflanzen, Gemüse und Getreide zum Wachsen und Gedeihen Wasser brauchen, brauchen sie es nach der Ernte auch, um länger frisch und knackig zu bleiben. Bei Schnittblumen machen wir das ja auch so oder stellen Sie etwa Ihren Blumenstrauß in ein trockenes Gefäß?

→ Wenn Sie Ihren Blumenkohl, Romanesco oder andere Kohlköpfe nach dem Kauf an der Erntestelle neu anschneiden und sie auf einem Kaffeetassenunterteller mit etwas Wasser darin lagern, dann bleiben Ihnen diese Superfood-Köpfe etwa 7 bis 10 Tage länger frisch.

→ Bei der Vitamin-C-Bombe Kohlrabi zum Beispiel zeige ich Ihnen anhand von Step-by-step-Fotos, wie sich die fahlen, lasch herunterhängenden Kohlblätter in nur kürzester Zeit, nachdem sie ins Wasser gestellt wurden, wieder aufrichten und zu einem knackigen saftigen Gemüse werden. Aus diesen nährstoffreichen Blättern bereiten wir dann herrliche Gerichte zu.

→ Waschen und wässern Sie Ihr Obst, Gemüse und Ihren Salat gleich nach dem Einkauf, bevor Sie es im Kühlschrank, der Speisekammer oder der Obstschale aufbewahren. So entfernen Sie die sich auf der Oberfläche befindenden Keime, Viren und Bakterien. Das hat viele Vorteile: 1) Das Obst und Gemüse bleibt länger frisch und haltbar. 2) Es geht im Alltag schneller, wenn Sie es essen oder weiterverarbeiten wollen. 3) Es ist dadurch übersichtlicher im Kühlschrank, so werden seltener Lebensmittel übersehen und vergessen. Was 4) zur Folge hat, dass wir weniger wegwerfen.

Das sind nur ein paar kleine Beispiele für die, wie ich finde, moderne und sehr zeitgemäße Lagerung von Gemüse. In unserer heutigen Zeit ist jedes im Abfall gelandete und nicht verzehrte Gemüse, Obst oder andere Lebensmittel nicht einfach nur ein Produkt im Müll, sondern komplett unnützer Raubbau an unserer Erde. Das hört sich jetzt vielleicht pathetisch an, aber wenn wir uns vor Augen führen, dass allein die Haushalte in der EU insgesamt mehr als 17 Millionen Tonnen Obst und Gemüse im Jahr wegwerfen, ist das ein Skandal, der definitiv nicht nötig wäre! Es ist für mich eine nicht einmal vorstellbare Menge an Lebensmitteln, die umsonst gesät, aufgezogen und geerntet worden ist, um dann verschwendet zu werden.

Meal Prep: ganz modern und trotzdem traditionsreich!

Meal Prep kommt aus dem Englischen und bedeutet nichts anderes als die Vorbereitung oder das Vorkochen von Mahlzeiten. Das ist absolut nichts Neues! Seit wir Menschen sesshaft geworden sind, müssen wir uns darum kümmern, wie die Ernte eingeteilt und so gut gelagert wird, dass wir mit den Vorräten über den Winter kommen.

Um all das müssen wir uns in unserer heutigen Zeit nicht mehr kümmern. Wir haben ganzjährig die Möglichkeit, fast alles und zu jeder Zeit zu kaufen. Dadurch sind wir zeitlich und räumlich viel unabhängiger geworden. Eventuelle kurzzeitige Lücken in unserem Ernährungssystem brauchen nicht mehr gestopft zu werden. Für den kleinen Hunger zwischendurch gibt es auch an fast jeder Ecke einen Kiosk, den Schnellimbiss, das Fast-Food-Restaurant oder die Backstube. Das klingt nach Freiheit. Aber der Preis, den wir für diese Freiheit zahlen, ist oft nicht nur in Euro zu zahlen, sondern auch mit unserer Gesundheit und Vitalität. Denn Essen to go ist in den meisten Fällen auch nichts anderes als Convenience Food und liefert uns häufig nur leere Kalorien in Form von Weißmehl oder Industriezucker, kurzum: viele Kalorien, keine wichtigen Nährstoffe. Sie lassen unseren Blutzuckerspiegel schnell ansteigen und halten uns nicht lange satt. So kommt es, dass wir schon sehr schnell wieder hungrig sind und wieder zum nächsten Snack greifen.

Diese Mahlzeiten können niemals mit einer mit Hausmannskost gefüllten Lunchbox mithalten. Ich bereite mir meistens gleich größere Portionen meiner Rezepte zu und nehme mir dann gerne am nächsten oder übernächsten Tag diese Gerichte anders kombiniert mit zur Arbeit. So koche ich zum Beispiel immer gleich eine größere Menge von meinem roten Linsen-Dal, weil ich es am nächsten Tag prima auch kalt in meiner Salatbowl essen kann, aber auch aus dem Grundrezept des Dals gleich meine Linsen-Burger backe.

Meal Prep ist also mehr als nur „Essen vorbereiten und es in einer Box mitnehmen". Wir übernehmen wieder Verantwortung für uns und unsere Gesundheit, Familie und Umwelt! Das bisschen mehr an Zeit, das wir für die Planung einer ausgewogenen Ernährung investieren, zahlt sich doppelt und dreifach aus, nicht nur in der Haushaltskasse, sondern auch in unserer Fitness und im Genuss. In diesem Buch wird eine ausgewogene pflanzliche Ernährung mit Clean Food, Meal Prep und Zero Waste vereint.

Ich versuche in meinem Ernährungskonzept, so respektvoll und nachhaltig mit Lebensmitteln umzugehen wie möglich. Ich bin davon überzeugt, dass jeder von uns etwas dazu beitragen kann. Es ist, wie ich aus eigener Erfahrung berichten kann, gar nicht so schwer und macht auch noch Freude. Schritt für Schritt ein bisschen mehr alles zu verwenden, eröffnet ganz neue Perspektiven und Möglichkeiten.

So, nun wünsche ich Ihnen ganz viel Spaß & Erfolg auf Ihrer „Alles-verwenden"-Entdeckungsreise, auf der Sie sich selber und andere begeistern werden!

Eure Andrea

Aubergine

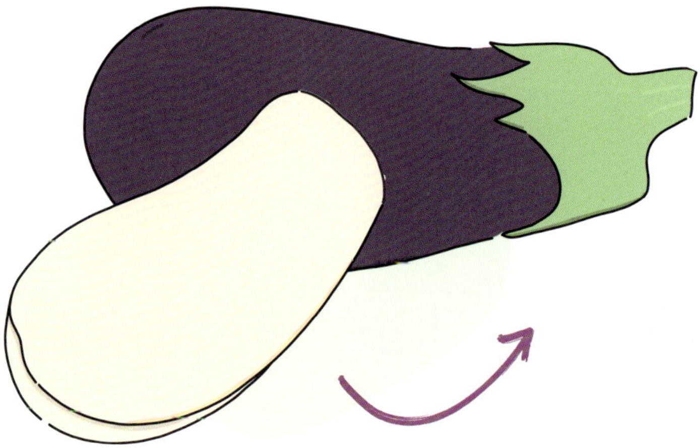

Botanik und Nährstoffe

Die Aubergine ist wegen ihrer länglichen Form auch als Eierfrucht bekannt. Sie ist ursprünglich eine subtropische Pflanzenart aus Asien. Im Englischen heißt das Nachtschattengewächs „Eggplant". Botanisch zählen Auberginen ebenso wie Paprika oder Tomaten zu den Fruchtgemüsen. Sie werden deshalb so bezeichnet, weil diese Gemüsepflanzen oberirdisch wachsende Früchte haben und aus befruchteten Blüten entstehen.

Im Vergleich zu Paprika oder zu Grünkohl enthält die Aubergine wenig Vitamin C. Das heißt aber nicht, dass diese Eierfrucht für unsere Ernährung nicht gesund und wichtig wäre. Das ist ja der Sinn einer ausgewogenen Ernährung, dass wir uns mit allem, was wir essen, unterschiedliche Nährstoffe zuführen und zunutze machen. Ein einziges Produkt kann nie alles liefern, deshalb ist es übrigens so wichtig, dass unser Speiseplan voller Abwechslung ist. Die Melanzane, so werden Auberginen in Italien genannt, sind reich an Mineralstoffen, die wir für unser Nervensystem benötigen. Kalium zum Beispiel spielt hier eine große Rolle, es ist wichtig für unsere körpereigene Energieproduktion. Es reguliert außerdem den Wasser-Elektrolyt-Haushalt in unserem Körper, was ich sehr wichtig finde. Kalium regelt auch das Gleichgewicht von Säuren und Basen in unserem Organismus. Des Weiteren enthält die Aubergine das Spurenelement Mangan, ein wichtiger Enzymbestandteil, der bei der Bildung von Knochen und Bindegewebe mitwirkt und unseren Stoffwechsel ankurbelt. Die enthaltenen Bitterstoffe unterstützen die Leber und die Bauchspeicheldrüse.

Wie so oft bei unseren Gemüsen ist der Anteil der Nährstoffe in der Schale oder den Blättern besonders hoch, genau aus diesem Grund werden wir alles von der Frucht verwerten. Alles andere wäre Verschwendung und macht schon allein aus Sicht der Nährstoffzufuhr keinen Sinn.

Kurz erwähnen sollte ich vielleicht, dass die Aubergine wie auch die Kartoffel Solanin enthält. Deshalb sollte man sie ebenso wie die Kartoffel nicht roh essen, aber in diese Verlegenheit kommen wir ja nicht. Durch das Erhitzen wird das Solanin zerstört und die Frucht und auch die Schale können ohne Bedenken gegessen werden.

Einkauf und Lagerung

In den Supermärkten finden wir meistens die tiefviolette, fast schwarze Aubergine, es gibt aber auch marmorierte, gelbe oder ganz weiße. Auch ihre Form kann unterschiedlich sein: Von schlangenförmig bis hakenförmig kann diese Frucht viele Gesichter haben. Die Hochsaison der Aubergine ist von August bis November, mittlerweile ist sie aber fast ganzjährig zu bekommen.

Zeichen für die Frische, Reife und Qualität sind, dass sie schwer und prall ist und strahlend glänzt. Sie sollte keine Risse und Dellen aufweisen, das Fruchtfleisch sollte bei einem sanften Druck leicht nachgeben, sich dann aber wieder zurückformen. Ist sie zu fest ist, ist sie noch nicht reif.

Die heutigen Auberginen haben nicht mehr so viele Bitterstoffe, wie sie es noch vor 20 Jahren hatten, sie werden von Haus aus sehr viel milder als früher gezüchtet. Aus diesem Grund entfällt auch die herkömmliche und noch sehr verbreitete aufwendige Zubereitung, dass die Aubergine vor der Verarbeitung gesalzen werden muss. Damit werden die Bitterstoffe entzogen. Diese altmodische Zubereitung würde unserer Eierfrucht allerdings zu viel Flüssigkeit entziehen. Zudem wollen wir die verbliebenen Bitterstoffe in Gemüse oder Obst erhalten und nutzen, denn sie regen die Bildung von Magen- und Gallensäften an und wirken verdauungsfördernd.

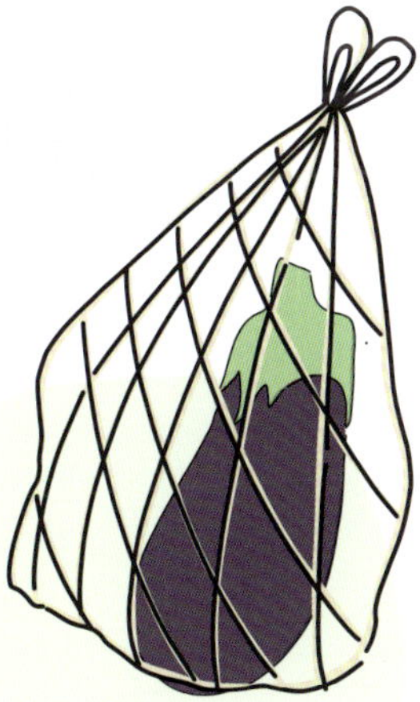

Die Frucht sollte nicht lange gelagert werden, die Aubergine mag es nicht kalt und sollte nicht im Gemüsefach des Kühlschranks aufbewahrt werden. Deshalb kaufen Sie sie am besten erst dann, wenn sie auch bald verarbeitet wird. 3 bis 5 Tage (je nach Reifegrad) lässt sie sich aber gut aufbewahren. Um die Aubergine so lange wie möglich frisch zu halten, sollte sie nicht neben Äpfeln, Tomaten oder Bananen gelagert werden, denn die Reifegase dieser Früchte lassen sie schneller altern. Falls die Frucht beim Kauf noch nicht ganz reif ist, kann sie bei Zimmertemperatur 2 bis 3 Tage gut nachreifen, das verringert auch den Solaningehalt. Einige bräunliche Flecken im Fruchtfleisch nach dem Aufschneiden weisen auf eine sehr reife Frucht hin, die genau jetzt zubereitet werden sollte.

Sollten Sie einmal nicht dazu kommen, ihre gerade gekaufte Eierfrucht zu verarbeiten, kann sie auch eingefroren werden. Allerdings gilt hier: je frischer, desto besser. Damit die Schale durch das Einfrieren nicht bitter wird, sollte die Aubergine erst geschält und dann eingefroren werden. Nach dem Auftauen ist die Konsistenz der Früchte meist etwas weicher. Die Schale sollte extra eingefroren werden, weil wir sie für einen tollen Brotaufstrich verwenden können.

Auberginensalat nach Matjes-Art

Auberginen enthalten eine Menge Kalium, aber auch Vitamine der B-Gruppe und Vitamin C, die vor allem in der Schale enthalten sind. Deshalb achten wir darauf, diese Eierfrucht so zuzubereiten, dass wir die Schale mitessen können und verarbeiten sie auf Seite 20 zu einem leckeren Brotaufstrich.
Dieser Salat kann lauwarm, aber auch kalt gegessen werden und er lässt sich wunderbar für mehrere Tage vorbereiten. Es lohnt sich, gleich eine größere Menge zuzubereiten, denn dieser ganz besondere Salat kann sowohl als Hauptspeise, Vorspeise oder auch als Snack genossen werden.

Zubereitungszeit: 35 Min. / Für 2 Personen

Zutaten:

2 Auberginen
½ Blatt Wakame-Alge
4 mittelgroße Schalotten
1 saftiger säuerlicher Apfel
5 süßsaure Gürkchen (inkl. etwas Einlegewasser, ca. 3 EL)
2 TL mittelscharfer Senf
2 TL vegane Mayonnaise oder Hafersahne (siehe S. 67/84)
1 EL Pflanzenöl (Leinöl oder Rapsöl)
2–3 EL Rote-Bete-Pulver (nach Wunsch)

Alles verwenden:
Die Auberginenschalen aufheben! Sie werden zu einem leckeren Dip (siehe S. 20) weiterverarbeitet. Schalotten- und Apfelschalen für den Gemüsefond (siehe S. 161) ebenfalls aufbewahren.

Gewürzmischung:

1–2 Msp. geriebene Muskatnuss
1 kleines Stück Wakame-Alge (ca. 4 × 6 cm, nicht eingeweicht)
1 TL Zwiebelpulver (nicht zwingend notwendig)
4–5 Pfefferkörner
1 Msp. Nelkenpulver

Tipp:

Dieser Salat ist eine wunderbare Speiseplan-Erweiterung – ob aufs Brot, für Partys oder als Meal Prep zur Mitnahme in der Lunchbox. Er schmeckt hervorragend zu Bratkartoffeln, aber auch zu Reis, Quinoa oder Buchweizen. Gekühlt ist der Auberginensalat nach Matjes-Art etwa 4 bis 5 Tage haltbar – wird aber wahrscheinlich schon vorher aufgegessen.

Zubereitung:

1. Die Auberginen waschen und schälen ⊛. Den Strunk abschneiden, die geschälten Auberginen der Länge nach halbieren und horizontal in etwa 1 cm dicke Scheiben schneiden. Die Scheiben aufeinanderlegen und vertikal in etwa 1 cm breite Streifen schneiden. Dann wird das Fruchtfleisch noch einmal in 3 gleich lange Teile geschnitten. Nun sind etwa 36 rechteckige Streifen aus einer halben Aubergine entstanden, die ungefähr die Größe von einem Heringsfilet haben.

2. Den Boden einer Pfanne mit etwas Wasser gut bedecken und aufkochen lassen. Die Auberginenstücke darin leicht köcheln lassen. Die Auberginenschalen können in der Pfanne mitgedünstet werden (siehe S. 20). Alles etwa 4 bis 6 Minuten bei mittlerer Hitze zugedeckt schmoren. Dabei immer darauf achten, dass genug Feuchtigkeit in der Pfanne ist. Die Auberginenschalen herausnehmen und zum Abkühlen beiseitelegen. Die Auberginenfilets ebenfalls etwas abkühlen lassen.

3. Die Wakame-Alge in Wasser einweichen. Die Schalotten schälen ⊛ und in feine Streifen hobeln oder kleine Würfel schneiden. Den Apfel schälen ⊛ und ebenfalls in feine Würfel schneiden. Die Gürkchen in dünne Scheiben oder kleine Würfel schneiden. Die eingeweichte Wakame mit einer Schere in kleine Stücke schneiden. Alles in eine große Schüssel geben und alle weiteren Zutaten wie den Senf, die Mayo oder die Hafersahne, das Gurkeneinlegewasser und das Öl dazugeben und verrühren. Nach Belieben Rote-Bete-Pulver unterrühren.

4. Für die Gewürzmischung einen Multizerkleinerer mit Messereinsatz oder einen Stabmixer benutzen und alle Zutaten zu einem feinen Pulver mixen.

5. Die etwas abgekühlten Auberginenstücke und die Gewürzmischung in die Schüssel geben und gut vermengen. Der Salat kann sofort lauwarm gegessen werden, er kann aber auch für ein paar Stunden ziehen und wird dann immer besser.

Knusprig panierte Auberginenschnitzel

Das Fruchtfleisch der Aubergine hat eine besondere Struktur: Es ist fest, aber sehr zart. Genau das ist die richtige Konsistenz für ein gebackenes Schnitzel.

Zubereitungszeit: 20 Min. / Für 2 Personen

Zutaten:

1 Aubergine
3–4 EL Cashew- oder Erdnussmus
4 EL Maismehl
1 TL geräuchertes Paprikapulver
1 TL Steinsalz
4 EL Dinkelmehl oder glutenfreie Semmelbrösel
Pfeffer aus der Mühle
1–2 EL Pflanzenöl
½ Zitrone

Alles verwenden:
Die Auberginenschalen aufheben! Sie werden zu einem leckeren Dip oder Brotaufstrich (siehe S. 20) weiterverarbeitet.

Zubereitung:

1. Die Aubergine schälen, den Strunk abschneiden und die Frucht halbieren. Die Hälften jeweils zweimal horizontal in gleichmäßige Scheiben schneiden. In einer Pfanne ca. ½ cm hoch Wasser zum Köcheln bringen, die Scheiben hineinlegen und bei mittlerer Hitze 2 bis 3 Minuten schmoren, herausnehmen und abkühlen lassen.

2. Zum Panieren das Nussmus in ein sauberes Marmeladenglas geben und die dreifache Menge lauwarmes Wasser hinzufügen. Das Glas sorgfältig zuschrauben und kräftig schütteln, bis eine cremige Masse entstanden ist.

3. Die Nusspaste auf einen Teller geben. Auf einen zweiten Teller das Maismehl mit dem Paprikapulver und Steinsalz verrühren. Das Dinkelmehl oder die Semmelbrösel mit etwas frisch gemahlenem Pfeffer auf dem dritten Teller verteilen.

4. Dann die Auberginenschnitzel zuerst in der Nusspaste, dann im Maismehl, erneut in der Nusspaste und zum Schluss in den Semmelbröseln wenden.

5. Das Öl in der Pfanne erhitzen und die Schnitzel auf beiden Seiten darin braten.

6. Dazu passen zum Beispiel Bratkartoffeln mit Dill (siehe Tipp) und die vegane Mayonnaise (siehe S. 84) Die Schnitzel können mit einigen Zitronenspalten garniert werden.

Tipp: Für die Bratkartoffeln die vorgekochten Kartoffeln (siehe S. 157) in Scheiben schneiden, in etwas Rapsöl knusprig anbraten, salzen und zum Schluss mit gehacktem Dill bestreuen.

STEP-BY-STEP ANLEITUNG

Auberginensalat nach Matjes-Art

1. Aubergine schälen.

2. Strunk abschneiden.

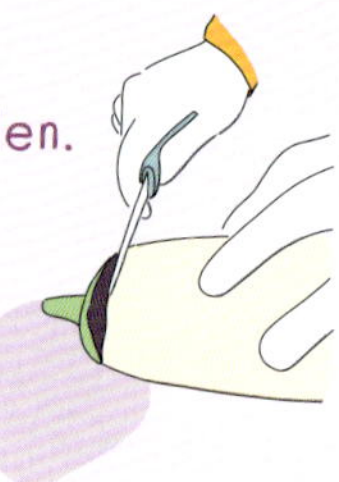

3. Aubergine längs halbieren und …

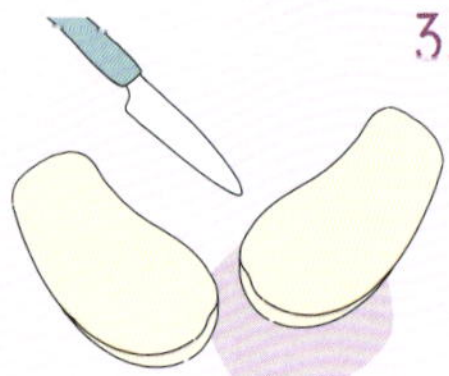

4. … horizontal in Scheiben schneiden.

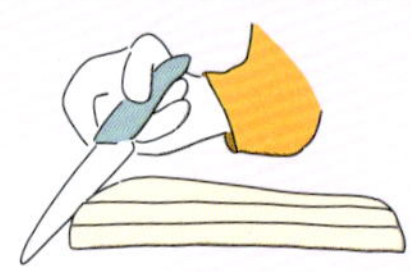

5. Zuerst längs einschneiden …

6. … dann quer und damit …

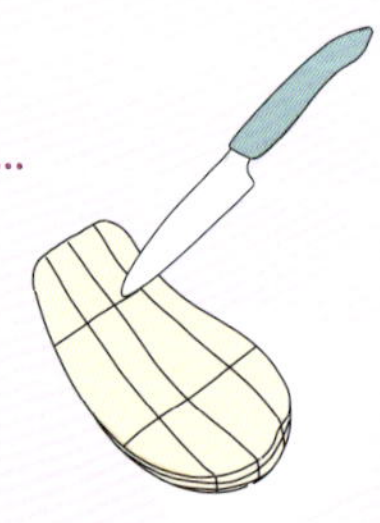

7. … würfeln.

8. Wasser in die Pfanne geben.

9. Auberginenwürfel hinzugeben.

Knusprig panierte Auberginenschnitzel

1. Aubergine schälen.

2. Strunk abschneiden.

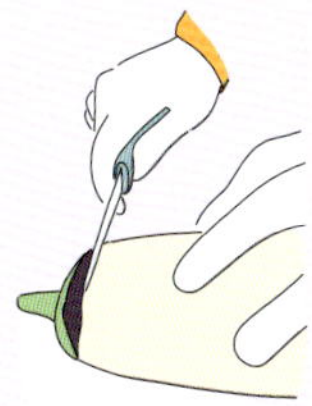

3. Aubergine halbieren und …

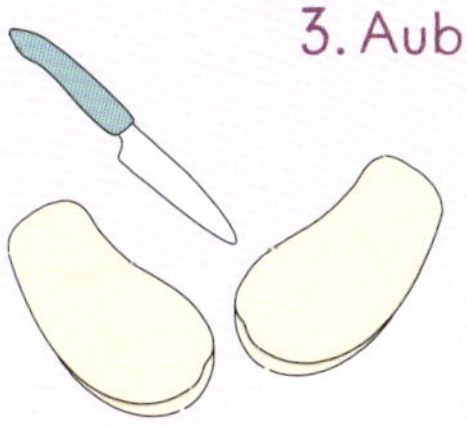

4. … horizontal in Scheiben schneiden.

5. Auberginenscheiben in der Pfanne in Wasser schmoren.

6. Schnitzel zuerst in der Nusspaste wenden …

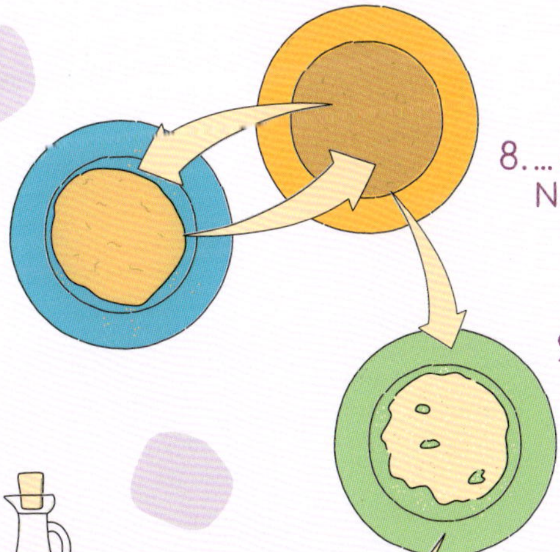

7. … dann in Maismehl …

8. … erneut in der Nusspaste und …

9. … zum Schluss in Semmelbröseln wenden.

10. Panierte Schnitzel in etwas Öl braten.

Gebackene Auberginen

Die Auberginen können auch in größeren Mengen zubereitet werden. Sie schmecken zu fast allem, ob warm oder kalt. Im Kühlschrank aufbewahrt, sind sie 4 bis 5 Tage haltbar, besonders gut eignen sie sich fürs Meal Prep und für die Lunchbox.

Zubereitungszeit: ca. 1 Std. 40 Min. / Für 2 Personen

Zutaten:

2 Auberginen
2–3 EL Olivenöl pro Hälfte
3–4 frische Knoblauchzehen
Steinsalz

Nach Belieben:

2 Möhren
2 Zwiebeln
1 Rosmarinzweig

Alles verwenden:
Knoblauch-, Zwiebel- und Möhrenschalen für den Gemüsefond (siehe S. 161) aufbewahren.

Zubereitung:

1. Den Backofen auf 170 °C (Umluft) vorheizen. Die Auberginen waschen und dann der Länge nach mit Strunk halbieren. Er bleibt an den Fruchthälften, damit kann die Auberginenhälfte später gut serviert werden, denn der Strunk erwärmt sich nur minimal. Das Fruchtfleisch mit einem Messer gleichmäßig einschneiden, dabei die Schale nicht verletzen. Das Olivenöl auf den eingeschnittenen Hälften verteilen.

2. Die Knoblauchzehen schälen, durch eine Presse drücken und in den Einschnitten verteilen, dann salzen. Eine Auflaufform mit etwas Öl ausstreichen und die halbierten Auberginen mit den Schnittflächen nach oben hineinlegen. Die Möhren und Zwiebeln schälen, vierteln und mit dem Rosmarinzweig dazugeben.

3. Auberginen etwa 45 bis 60 Minuten auf der mittleren oder unteren Schiene schonend backen. Zwischendurch können die Hälften mit etwas Wasser besprüht werden. Zum Schluss zum Abkühlen weitere 30 Minuten im ausgeschalteten Ofen ziehen lassen. Das Fruchtfleisch aus den Schalen lösen oder die Auberginen mit Schale essen. Dazu passt Süßkartoffelstampf (siehe Tipp S. 35).

Herzhafter Brotaufstrich aus Auberginenschalen

Wie bereits erwähnt, stecken in Gemüseschalen jede Menge Nährstoffe, es ist also sehr schade, dass wir uns angewöhnt haben, sie wegzuwerfen. Ich bin mir aber sicher, dass das nur an fehlender Inspiration liegt. Das werden wir jetzt hoffentlich ändern. Die Geschmackskombination von Oliven, dem Noriblatt und der Auberginenschale erinnert an eine Fischpaste.

Dieser Brotaufstrich hat es in sich. Er steckt voller Mineralstoffe und Spurenelemente aus dem Noriblatt wie Kalium, Natrium, Kalzium, Magnesium, Phosphor und Zink. Eisen, Zink, Vitamine B1, B2, B6, C, E, Folsäure und Provitamin A kommen aus den Oliven und außerdem ist der Aufstrich reich an sekundären Pflanzenstoffen wie Polyphenole und Sterine.

Zubereitungszeit: 10 Min. / Für ca. 200 g

Zutaten:

Auberginenschalen von 1 Frucht
½ Noriblatt
2 EL Sonnenblumenkerne
5–7 grüne Oliven (ohne Stein)
1–2 frische Knoblauchzehen
¼ Zwiebel oder 1 kleine Schalotte
30–50 ml Olivenöl
etwas Steinsalz
Pfeffer aus der Mühle

Zubereitung:

Die Schalen der Aubergine in einer Pfanne mit etwas Wasser 3 bis 4 Minuten köcheln lassen. Herausnehmen, leicht abtropfen lassen und mit allen anderen Zutaten in eine kleine Küchenmaschine geben und mixen. Die Paste in ein Glas füllen.

BANANE

Erste Aufzeichnungen über die Banane stammen aus Indien und sind rund 2600 Jahre alt. Die gelbe halbmondförmige Südfrucht wurde allerdings erst um 1800 auf dem europäischen Markt verbreitet. Früher wurden Bananen Paradiesfeigen genannt, das ist zwar eine veraltete, aber wie ich finde wunderschöne Bezeichnung für diese famose Frucht. Die Pflanzengattung aus der Familie der Bananengewächse sind einkeimblättrige Pflanzen, davon gibt es etwa 70 verschiedene Arten. Sie stammen, bis auf eine Art in Tansania, alle aus dem tropischen bis subtropischen Asien und westlichen Pazifikraum. Bei uns stehen Bananen also relativ neu auf dem Speiseplan, sind aber schon längst nicht mehr davon wegzudenken. Ganz zu Recht, denn sie sind unglaubliche Energielieferanten, weshalb sie gerade bei Sportlern sehr beliebt sind.

Zudem bieten sie aber auch noch eine Vielzahl an Vitaminen und Mineralstoffen. Sie enthalten Kalium, das ist wichtig für Nerven, Muskeln und Herz, außerdem Magnesium, Folsäure, Eisen, Kupfer und Betacarotin, Vitamin B6, das eine große Rolle beim Eiweißstoffwechsel spielt, und auch Antioxidantien sind enthalten, die unsere Zellen vor freien Radikalen schützen. Zudem strotzen Bananen auch vor Stärke und Ballaststoffen, diese sind wasserlöslich, quellen im Darm auf und regulieren die Verdauung.

Es gibt also viele Gründe und unschlagbare Argumente dafür, Bananen zu essen, es gibt aber vorher auch noch einige Dinge zu klären. Ein Klassiker unter den Fragen ist, warum ist die Banane krumm? Hier die Antwort: Um sich dem lebensnotwendigen Licht zuzuwenden, muss sich die Banane an der schweren Staude nach oben krümmen. Nur so haben die vielen Bananen an der Staude die Möglichkeit, gleichmäßig vom Licht beschienen zu werden. Das wäre also geklärt, aber warum essen wir Bananen, so wie wir es tun? Auch diese Antwort ist recht leicht: weil wir es nicht besser wissen. Wenn wir eine Banane essen, schälen wir die gelbe Schale herunter und essen die weiche Frucht. Die Schale wird dann einfach weggeworfen. Das aber ist ein Fehler meiner Meinung nach. Bananenschalen sollte man aber nicht nur essen, weil es im Zuge von „Alles verwenden" modern oder wirklich Zero Waste ist, sondern weil in der Schale mindestens genauso interessante Nährstoffe stecken wie in der Frucht.

Aber Schale ist leider nicht gleich Schale. Selbstverständlich sollten immer nur die Schalen von Bio-Bananen gegessen werden. Bei herkömmlichen Bananen, die nicht aus Bio-Anbaugebieten stammen, kommen Pestizide zum Einsatz und diese Pestizide finden sich dann auf der Schale, aber auch in der Frucht wieder. Das gilt natürlich für jedes Gemüse und Obst. Man spricht dann von gespritztem Obst oder Gemüse.

Generell enthält die Bananenschale viele gesunde Nährstoffe wie Kalium, Magnesium, Vitamine A, C und K, Niacin, Folsäure, Phosphor und viele wichtige Aminosäuren. Sie enthält zum Beispiel auch viele B-Vitamine wie das Vitamin B6, das für die Umwandlung von Aminosäuren benötigt wird und eine entscheidende Rolle für die Bildung von Hämoglobin und Gallensäure spielt. Der Clou ist allerdings, dass die Bananenschale Vitamin B12 enthält, was ansonsten eher in tierischen Lebensmitteln zu finden ist. Diese Information ist gerade auch für Veganer sehr wichtig.

Generell zur Verarbeitung von Bananenschalen:

Auch bei Bio-Bananen bitte immer die ganze Frucht waschen. Ich lege meine Bananen nach dem Kauf für 10 Minuten in eine Schüssel mit einem Apfelessig-Wasser-Gemisch (1 l Wasser, 1 EL Apfelessig), dann reibe ich sie sanft mit einer Gemüsebürste ab.
Wer die Bananenschalen roh essen möchte, sollte reife, schon leicht braune Bananen nehmen, sie schmecken besonders süß. Auch wenn die bräunliche Verfärbung nicht so appetitlich aussieht, sind genau diese Schalen besonders aromatisch und lecker. Außerdem ist die Haut bei den älteren, reiferen Bananen schon dünner und deshalb auch roh leichter zu genießen. Für viele Menschen hört es sich wahrscheinlich ungewöhnlich an, Bananenschalen zu essen, aber es ist nur eine Sache der Gewohnheit und Gewohnheiten kann man für gewöhnlich ändern. Sie sollten es mal probieren.

Außerdem kann man die Schalen super im Smoothie verarbeiten. Nur die zwei Enden der jeweiligen Bananen, der harte Strunk und das kleine holzige Ende, sind nicht wirklich genießbar und sollten abgeschnitten werden. Dann wird die Banane in mehrere gleich breite Scheiben geschnitten und nach Wunsch mit Obst und Gemüse kombiniert. Das Ganze dann auf höchster Stufe ca. 60 Sekunden lang zu einem cremigen leckeren Smoothie mit einer Extraportion Vitaminen mixen.

Bananen lassen sich übrigens auch sehr gut einfrieren, so hat man immer einen Vorrat zu Hause; dazu die Frucht schälen und ohne die Schale in einer Plastikdose oder einem Gefrierbeutel einfrieren. Zur besseren Verarbeitung sollten die Bananen immer in Scheiben geschnitten und dann so eingefroren werden, dann lassen sie sich einfacher portionieren und sind leichter im Mixer zu verarbeiten.

Fazit: Bananenschalen sollten nicht mehr im Müll, sondern im Smoothie oder auch herzhaft gebraten auf unseren Tellern landen.

Bananenbrot mit Hafer

Bananenbrote sind gesund und stecken voller wertvoller Mineralien und Nährstoffe. Dieses Brot ähnelt eher einem Kuchen, kann pur gegessen werden, aber in Kombination mit süß und herzhaft zum Beispiel sollten Sie es mal mit Hummus probieren. Es bleibt bis zu 5 bis 6 Tage saftig.

Zubereitungszeit: ca. 1 Std. 10 Min. / Für 1 Kastenbrot (22 cm Länge)

Zutaten:

3 EL Chiasamen
200 g glutenfreie Haferflocken
3 TL Backpulver oder Weinstein ohne Phosphatzusatz
½ TL Zimtpulver
1 Msp. Pimentpulver
1 Msp. Kardamompulver
3 Bananen (ca. 300 g)
150 g ungezuckertes Apfelmus
50 g Rosinen (optional)

Zubereitung:

1. Die Chiasamen mit der dreifachen Menge Wasser (9 EL) ansetzen und 10 Minuten quellen lassen.

2. Den Backofen auf 160 °C (Umluft) vorheizen. Backpapier für eine Kastenform von 22 cm Länge zuschneiden und mit Wasser nass machen und auswringen. Das Backpapier lässt sich so besser in die Kastenform legen.

3. Die Haferflocken in einem Mixer zu Mehl mahlen. Mit dem Backpulver und den Gewürzen mischen. Die Banane schälen (die Schalen aufbewahren, diese werden weiterverarbeitet, siehe S. 27). Nun die Bananen in einer Schüssel zerdrücken, die gequollenen Chiasamen und das Apfelmus dazugeben und alles gut verrühren. Haferflockenmischung dazugeben und unterheben. Nach Belieben die Rosinen hinzufügen.

4. Den Teig in die Kastenform füllen und etwa 50 bis 60 Minuten im vorgeheizten Ofen backen. Das Bananenbrot kann warm gegessen werden oder wenn es abgekühlt ist. Zum Aufbewahren eignet sich das Backpapier zum Einschlagen.

Bananen-Schoko-Eis

Die eingefrorenen Früchte eignen sich besonders gut im Sommer, um schnell ein sensationell gesundes und leckeres Eis herzustellen.

Zubereitungszeit: ca. 4 Std. / Für 2 Personen

Zutaten:

3 Bananen
3–4 EL Rohkakaopulver
50–80 ml Hafermilch (siehe S. 66)

Alles verwenden:
Bananenschalen aufbewahren, daraus werden Chips.

Zubereitung:

1. Die Bananen waschen und schälen. Die Bananenschalen aufbewahren. Die Früchte in kleine Stücke oder Scheiben schneiden und mindestens 4 Stunden einfrieren.
2. Dann Bananen, Kakao und Hafermilch in den Hochleistungsmixer geben und auf mittlerer Stufe mixen. Eventuell nachstampfen und, wenn die Masse besser vermengt ist, den Mixer auf hohe Leistung stellen. Schon ist das Bananeneis mit Schokolade fertig.

Knusprige Bananenschalen

Zugegeben, es mutet ungewöhnlich an, aber Bananenschalen sind essbar. Hier habe ich ein Rezept entwickelt, das sowohl als Chips zum Knabbern geeignet ist, aber durch das Raucharoma in der Panierung auch an knusprigen Speck erinnert. Auf meinen Buchweizenburgern (siehe S. 44) kommt es ebenfalls zum Einsatz.

Zubereitungszeit: ca. 15 Min. / Für ca. 400 g

Zutaten:

4–5 Bio-Bananen
3 Tropfen Liquid Smoke (flüssiges Raucharoma)
6–7 EL Maismehl
2 TL geräuchertes Paprikapulver
Räuchersalz oder Steinsalz (z. B. Kala Namak)
4–5 EL Rapsöl

Zubereitung:

1. Die Bananen gründlich waschen. Dann schälen und die Enden abschneiden. Die Schalen in 3 bis 4 cm breite Streifen oder einfach längs in Streifen schneiden und etwa 5 Minuten in warmes Wasser legen. Liquid Smoke dazugeben und etwas ziehen lassen.

2. Nun das Maismehl mit dem Paprikapulver und dem Salz vermischen. Die Schalen aus dem Wasser nehmen und kurz abtropfen lassen. Im Mehl wenden und dieses etwas andrücken. Das Öl in einer Pfanne erhitzen und die Schalen darin einige Minuten unter Wenden braten. Die Bananenschalen als Snack servieren oder zum Garnieren verwenden, z. B. im Salat (siehe S. 133) oder zum Burger.

BLUMENKOHL

Jeder kennt ihn, Blumenkohl ist weltweit als Beilage sehr beliebt. Er wird zumeist gedünstet gegessen. Je nach Region wird er auch Traubenkohl, Käsekohl, Blütenkohl, Italienischer Kohl oder Karfiol genannt. Also im Prinzip stelle ich Ihnen kein Newcomer-Trendgemüse vor. Es ist eher eine Hommage an diese, wie ich finde, sehr besondere Kohlart. Zudem ist es mir wichtig, einige kreative Inspirationen zu diesem tollen Gemüse zu geben, damit wir unsere recht langweilige und konventionelle Zubereitung aufpeppen, denn zumeist wird er eben nur gedünstet gegessen.

Mit meinen Rezeptvorschlägen entdecken Sie den uns so bekannten Blütenkohl ganz neu und werden ihn mit anderen Augen sehen. Er eignet sich nicht nur als helle Beilage auf dem Teller, sondern er macht das Programm und wird zum Hauptgericht. Der Blumenkohl ist ein äußerst vielseitiges Gemüse!

Botanik und Geschichte

Dieser strahlend weiße Kohl, der aus Dutzenden einzelner Röschen besteht, ist ein faszinierendes Wunderwerk mit viel Geschmack. Die Standardkopffarbe ist Weiß, es gibt ihn aber auch in Gelb, Grün und Lila. Die fleischig verdickten Blütensprossen, die zu einem Kopf als Halbkreis zusammenstehen, werden von den kohleigenen Hüllblättern ummantelt und so geschützt. Blumenkohl gehört zu der Familie der Kreuzblütler-gewächse wie auch seine kohlige, formen- und farbenreiche Verwandtschaft. Zum engsten Kreis zählen zum Beispiel Brokkoli und Romanesco. (Der italienische Romanesco ist eine Unterart des Blumenkohls und nicht – wie häufig geschrieben – eine Mischung aus Blumenkohl und Brokkoli.) Rotkohl, Weißkohl, Wirsing oder Spitzkohl sind ebenfalls Unterarten und Varietäten des Gemüsekohls.

Herkunft

Kohlgemüse stammt ursprünglich aus dem Mittelmeerraum und die Geschichte dieser Kulturpflanzen reicht bis in die Antike zurück. Es wird sogar angenommen, dass viele wilde Kohlarten sogar schon in der Steinzeit den Menschen als Lebensmittel gedient haben. Im alten Griechenland und bei den Römern durfte Kohlgemüse in keinem Gemüsegarten fehlen und galt auch als Heilpflanze.

Einkauf und Lagerung

Der übliche weiße Blumenkohl mit über 90 Prozent Marktanteil wird in Deutschland mittlerweile ganzjährig als frisches Produkt auf dem Markt angeboten. Das Gewicht des Kohlkopfs liegt meist bei über 1 kg. Beim Einkauf sollte darauf geachtet werden, dass die Blätter schön grün und intakt sind, auch der Anschnitt des Strunks sollte nicht braun und ausgetrocknet sein. Ganz wichtig ist, dass die Blume selbst rein weiß und fest ist und keine braunen, grauen oder schwarzen auch noch so kleinen Flecken aufweist.

Frisch schmeckt er selbstverständlich am besten und hat natürlich auch die meisten Nährstoffe. Allerdings hält er sich auch ein paar Tage im Kühlschrank. Feucht und kühl gelagert, bleibt er uns am längsten erhalten. Dazu sollte nach dem Einkauf eine dünne Scheibe seines Strunks abgeschnitten werden, aber so, dass seine natürlichen Schutzblätter erhalten bleiben. Den unteren Teil des Kohlkopfes in ein feuchtes Tuch wickeln, so kann der Kohl etwas Feuchtigkeit ziehen und bleibt länger knackig und frisch.

Nährstoffe

Aufgrund seiner Zartheit ist Blumenkohl leicht verdaulich. Er hat wenig Kohlenhydrate und kann sich deshalb zu Recht Low-Carb-Gemüse nennen. Er ist reich an Mineralstoffen wie Kalium, Kalzium, Phosphor, Eisen, Magnesium und Natrium. Zudem bietet er Spurenelemente wie Jod, Zink, Kupfer und Flur, aber auch Vitamine der B-Gruppe, Vitamin K und eine Menge Vitamin C. Ein mittelgroßes Röschen enthält doppelt so viel Vitamin C wie eine mittelgroße Orange. All diese Nährstoffe finden sich nicht nur in den weißen Röschen, sondern auch in den Hüllblättern. Ein weiteres unschlagbares Argument für den Blumenkohl: Aktuelle Studien haben ergeben, dass der regelmäßige Verzehr von Blumenkohl unserem Körper Schutz bietet gegen Erkrankungen des Herz-Kreislauf-Systems und Krebs und Diabetes vorbeugt.

Daneben erhält Blumenkohl noch den sekundären Pflanzenstoff Sulforaphan. Dieses besondere Senföl ist zwar noch nicht besonders bekannt, aber absolut erwähnenswert. Der Pflanzenstoff wurde erst 1992 isoliert entdeckt. In einer Studie in den USA gelang der Durchbruch bezüglich eines Nachweises für antikarzerogene Wirkung von Kohlsorten. Mittlerweile deuten viele andere Studien ebenfalls auf einen präventiven und therapeutischen Nutzen des Senföls bei Krankheiten wie Krebs oder Diabetes hin. Sulforaphan hat aber auch positive Wirkungen auf den Muskelaufbau, den Haarwuchs, die Haut, bei Arthrose und er stärkt als Darmschutz unser Immunsystem. Es ist ein stark antioxidativer Inhaltsstoff. Sulforaphan ist vor allem in Kreuzblütengewächsen enthalten wie in Brokkoli, Rosenkohl oder Weißkohl, aber auch in Radieschen oder Meerrettich. Typisch für die Senföle ist der scharfe, mitunter auch bittere Geschmack.

Zubereitung

Gerade weil er so zart, gut bekömmlich und voll von Nährstoffen ist, sollte bei der Zubereitung ganz besonders darauf geachtet werden, dass Blumenkohl nicht zu lange erhitzt wird. Bei einer zu langen Erhitzung durch Dünsten oder Kochen, aber auch beim Überbacken werden wertvolle Inhaltsstoffe zerstört. Es ist empfehlenswert, Blumenkohl möglichst schonend mit wenig Wasser zu garen oder nur leicht zu dünsten. Der Blumenkohl sollte, egal wie er zubereitet wird, noch „Biss" haben. Meist werden seine Hüllblätter nicht mitgegessen, sondern nur sein Blütenstand. Das aber werden wir ändern!

Blumenkohlreis mit Gemüse

Das ist ein perfektes Low-Carb-Hauptgericht (also ohne Kohlenhydrate) und kann warm, aber auch kalt gegessen werden.

Zubereitungszeit: 30 Min. / Für 2 Personen

Zutaten:

400–500 g Blumenkohl
1–2 Schalotten
1–2 Möhren
2 Frühlingszwiebeln
10–15 g Zuckerschoten
½ rote oder gelbe Paprikaschote
1 milde rote Chilischote
½ Bund Petersilie
1 EL fein geriebener Ingwer

Außerdem:

2–3 TL Cashewmus
3 EL Sonnenblumenkerne
3 EL Rapsöl oder anderes Pflanzenöl
Steinsalz
Pfeffer aus der Mühle
1 EL Sesamöl, kalt gepresst
2–3 EL Tamari (glutenfreie Sojasauce)

Alles verwenden:
Bei der Zubereitung Blumenkohlblätter (in einem feuchten Küchentuch, siehe S. 36), Schalotten- und Möhrenschalen, Frühlingszwiebelabschnitte für den Gemüsefond (siehe S. 161) aufbewahren. Paprika- und Chilikerne zur Anzucht aufbewahren (siehe S. 119)!

Tipp:

Am besten die Cashewmuspaste in ein sauberes Marmeladenglas füllen und dann das warme Wasser dazugeben, das Glas zuschrauben und gut schütteln. So lassen sich Nusspasten sehr einfach ohne viel Aufwand cremig verrühren. Das gilt für alle Rezepte mit Nusspasten.

Zubereitung:

1. Die grünen Blätter vom Blumenkohl abschneiden. Blumenkohl in kleine Röschen teilen und in einer Küchenmaschine raspeln. Den Strunk mitverarbeiten. Wenn der Blumenkohl im Mixer verarbeitet wird, nur ganz kurz zerkleinern, etwa zu Reiskorngröße – er sollte nicht matschig werden. Wer keine Küchenmaschine hat, kann den Blumenkohl auch mit einem Messer klein schneiden.

2. Die Schalotten schälen und in feine Würfel schneiden. Möhren mit einer Gemüsebürste putzen oder schälen, in dünne Scheiben hobeln. Die Frühlingszwiebeln putzen, waschen und in feine Ringe schneiden. Zuckerschoten waschen und halbieren. Rote und gelbe Paprika halbieren, entkernen, waschen und in kleine Würfel oder dünne Streifen schneiden. Chili waschen, entkernen, in feine Ringe schneiden. Petersilie waschen, trocken schütteln und fein schneiden.

3. Cashewmus mit 3 bis 4 EL warmem Wasser verrühren (siehe Tipp). Die Sonnenblumenkerne ohne Fett in einer Pfanne anrösten und in einer Schüssel abkühlen lassen.

4. Die Hälfte des Öls in die Pfanne geben und heiß werden lassen. Die Schalotten dazugeben und kurz darin andünsten. Blumenkohl dazugeben und etwa 3 Minuten unter ständigem Rühren in der Pfanne braten. Alles in eine Schüssel umfüllen und ziehen lassen.

5. Das restliche Öl in die Pfanne geben und die Möhren, Frühlingszwiebeln, Zuckerschoten, Paprika, Chili und Ingwer dazugeben. Das Gemüse etwa 5 Minuten dünsten, mit Steinsalz und Pfeffer abschmecken.

6. Die Pfanne vom Herd nehmen, den Blumenkohl zum Gemüse geben und alles gut vermengen. Nusspaste, Sesamöl und Tamarisauce unterrühren. Den Blumenkohlreis mit Sonnenblumenkernen und Petersilie bestreuen und servieren.

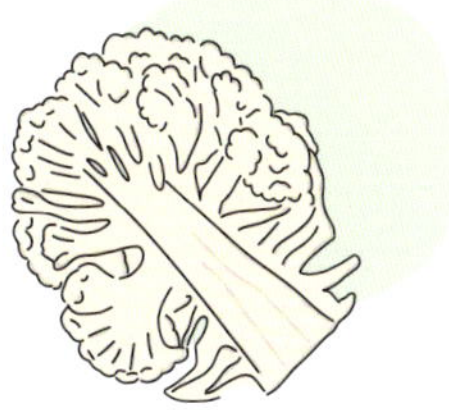

Blumenkohl-Sushi mit Möhren und Paprika

Das ist eine tolle Alternative für alle, die Sushi essen wollen, aber auf viele Kohlenhydrate verzichten möchten. Hier kommt die Low-Carb-Variante. Sie eignet sich auch sehr für die Lunchbox zum Mitnehmen.

Zubereitungszeit: 30 Min. / Für ca. 6 Sushirollen

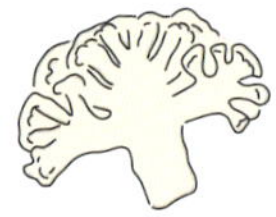

Zutaten:

700 g Blumenkohl
1 EL Rapsöl oder anderes Pflanzenöl
Steinsalz
2–3 TL Cashewmus
1–2 Karotten
1 Paprikaschote
1 TL Wasabipaste oder -pulver zum Anrühren
5–7 Noriblätter
ca. 100 ml Tamarisauce

Außerdem:

Bambus-Sushimatte

Zubereitung:

1. Den Blumenkohl wie auf Seite 30 beschrieben vorbereiten. Das Öl in der Pfanne leicht erwärmen und den Blumenkohl dazugeben. Etwa 3 Minuten unter ständigem Rühren leicht anbraten, die Pfanne vom Herd nehmen und den Blumenkohl mit Steinsalz abschmecken. Abkühlen lassen.

2. Das Cashewmus mit Wasser zu einer Nusspaste anrühren (siehe Tipp S. 30) und unter den Blumenkohl mischen.

3. Möhren putzen oder schälen und der Länge nach in 4 Streifen schneiden. Paprika waschen und halbieren und ebenfalls der Länge nach in etwa 1 cm dicke Streifen schneiden. Wasabipulver zu einer Paste anrühren.

Step-by-Step-Anleitung für Sushirollen:

4. Die Hände gründlich waschen.

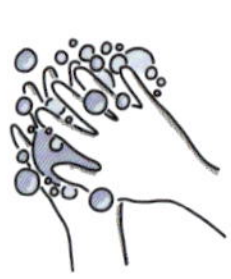

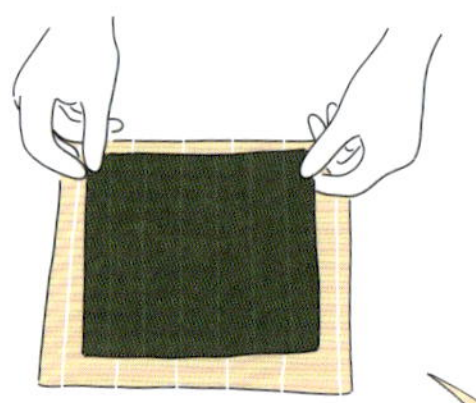

5. Die Sushimatte auf die Arbeitsfläche legen. 1 Noriblatt mit der glatten Seite nach unten längs auf das untere Ende der Sushimatte legen.

6. Die Hände befeuchten und den Reis etwa auf der Hälfte des Noriblatts verteilen, dabei an der hinteren Seite einen 2 cm breiten Rand frei lassen.

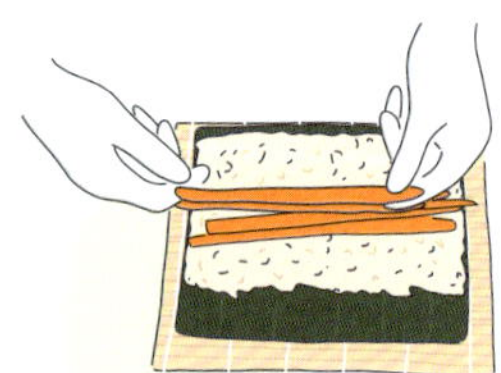

7. In der Mitte der aufgetragenen Blumenkohlreisfläche etwas Wasabipaste längs verstreichen. Dann die Möhren- und Paprikastreifen längs in einer Linie darauf anordnen.

Alles verwenden:
Blumenkohlblätter (in einem feuchten Küchentuch), Möhrenschalen (siehe Gemüsefond S. 161) und Paprikakerne (siehe S. 119) aufbewahren!

Tipp:
Für die Füllung der Sushirollen können Sie auch noch anderes Gemüse als Möhren und Paprika verwenden, zum Beispiel Gurke, Kohlrabi etc.

8. Die Sushimatte am unteren Ende anheben und damit den Blumenkohlreis und die Füllung einrollen. Darauf achten, dass die Füllung in der Mitte der Rolle bleibt.

9. Um die Sushirolle rund zu formen, einen Teil der Matte darüberlegen und die Rolle mit den Händen behutsam, aber dennoch fest zusammendrücken. Den äußeren Rand des Noriblatts mit Wasser befeuchten.

10. Die Rollen mit der Naht nach unten auf ein Brett legen und mit einem sehr scharfen, feuchten Messer in Sushistücke schneiden. Die Tamarisauce in eine kleine Schüssel füllen und die Sushirollen darin eintunken.

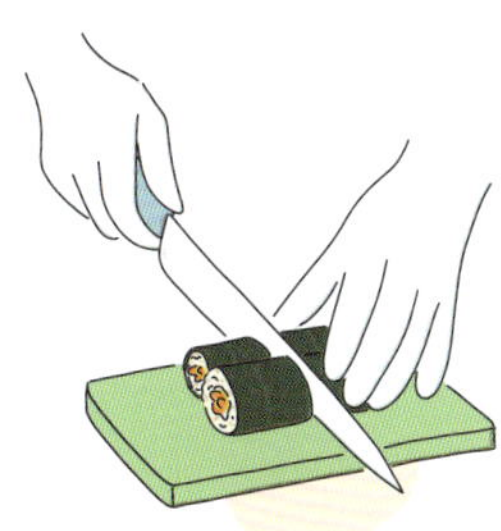

Knusprige Blumenkohlschnitzel

Zubereitungszeit: 20 Min. / Für 2 Personen

Zutaten:
1 Blumenkohl
3–4 EL Cashew- oder Erdnussmus
4 EL Maismehl
1 TL geräuchertes Paprikapulver
1 TL Steinsalz
4 EL glutenfreie Semmelbrösel
1 EL Rapsöl

Außerdem:
2 kleine Süßkartoffeln

Alles verwenden:
Blumenkohlblätter in einem feuchten Küchentuch (siehe S. 36) aufbewahren!

Zubereitung:

1. Den Blumenkohl sehr vorsichtig von den grünen Hüllblättern entfernen, dabei den Strunk nicht verletzen, den Strunk brauchen wir, weil er die Röschen zusammenhält. Den Kohl waschen und abtropfen lassen. Nun den Blumenkohl halbieren und von der Mitte aus jeweils 2 bis 2 ½ cm dicke Scheiben herunterschneiden. Die Stücke des Blumenkohls, die nicht in Scheiben geschnitten werden können, werden zu sogenannten Blumenkohlnuggets und wie die -scheiben verarbeitet.

2. Einen Topf mit etwas Wasser, einem Dämpfeinsatz und Deckel erwärmen. Die Blumenkohlscheiben und -nuggets in den Topf legen und mit geschlossenem Deckel 2 bis 3 Minuten dämpfen. Dann den Blumenkohl herausnehmen und abkühlen lassen.

3. Das Nussmus in ein sauberes Marmeladenglas geben und die dreifache Menge lauwarmes Wasser dazugeben, das Glas zuschrauben und gut schütteln. Für die Panierung eine Drei-Teller-Straße vorbereiten.

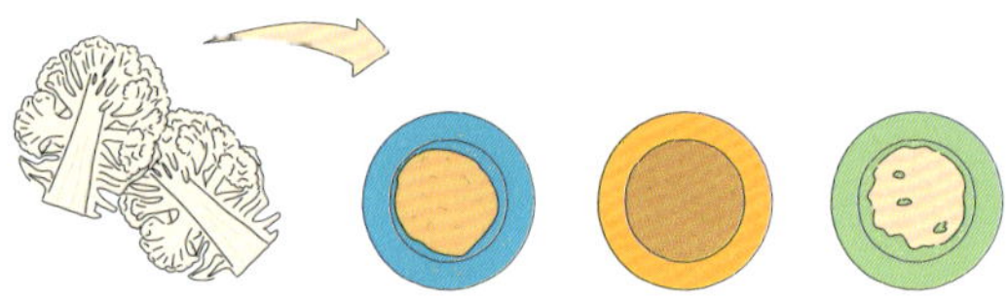

Teller 1: cremig geschüttelte Nusspaste.
Teller 2: Maismehl mit dem geräucherten Paprikapulver und dem Salz verrühren.
Teller 3: Semmelbrösel.

Dann die Blumenkohlscheiben in Teller 1 wälzen, dann in Teller 2, dann wieder in Teller 1, dann in Teller 3.

4. Nun das Rapsöl in der Pfanne erhitzen und die Schnitzel darin auf beiden Seiten goldbraun braten. Als Beilage eignen sich Süßkartoffelstampf (siehe Tipp) und eine Kräuterremoulade (siehe grüne Sauce, S. 158).

Tipp:
Für den Süßkartoffelstampf die Süßkartoffeln mit einer Gemüsebürste putzen, in Salzwasser mit Schale im Ganzen etwa 20 bis 25 Minuten garen, halbieren und die Süßkartoffeln mit einem Esslöffel aushöhlen. Die Süßkartoffelmasse mit Salz und Pfeffer würzen, zerdrücken und in die ausgehöhlten Schalen füllen.

Blumenkohlblattgemüse mit Quinoa

Die Blätter des Blumenkohls sind köstlich und enthalten wie der Blumenkohl großartige Nährstoffe. Es wäre also schade, wenn wir diese Blätter aus Unwissenheit wegwerfen. Sie können zu Suppe, Spinat oder wie hier zu einer Gemüsepfanne verarbeitet werden.

Zubereitungszeit: ca. 20 Min. / Für 2 Personen

Zutaten:

Blumenkohlblätter
1 Zwiebel
2 frische Knoblauchzehen
2–3 Möhren
1 Paprikaschote (rot oder gelb)
2–3 EL Tomatenmark
150–200 ml Gemüsefond oder -brühe
Steinsalz
Pfeffer aus der Mühle
1 EL Zitronensaft
150 g gekochte Quinoa (ersatzweise gekochter Buchweizen oder Reis)

Alles verwenden:
Zwiebel-, Knoblauch- und Möhrenschalen (für den Gemüsefond, siehe S. 161) und Paprikakerne (zur Anzucht, siehe S. 119) aufbewahren!

Zubereitung:

1. Die Blätter des Blumenkohls waschen und abtropfen lassen. Den Strunk der Blätter in der Mitte durchschneiden, dann die Blätter in feine Streifen schneiden.

2. Zwiebel, Knoblauch und Möhren schälen und in kleine Würfel schneiden. Paprika waschen, entkernen und in Würfel oder Streifen schneiden.

3. In einer Pfanne 100 ml Wasser erwärmen, die Zwiebel und den Knoblauch darin 2 Minuten köcheln lassen, dann die Kohlblätter, die Möhren und die Paprika dazugeben und weitere 2 Minuten köcheln lassen. Das Tomatenmark in die Pfanne geben und mit Gemüsefond oder – brühe nach und nach aufgießen. Mit Steinsalz und Pfeffer abschmecken, den Zitronensaft hinzufügen und bei schwacher Hitze weitere 5 Minuten schmoren.

4. Nun die vorgekochte Quinoa unterheben. Die Gemüsepfanne kann als Hauptgericht oder als Beilage gegessen werden und eignet sich hervorragend auch fürs Meal Prep und für die Lunchbox.

Buchweizen

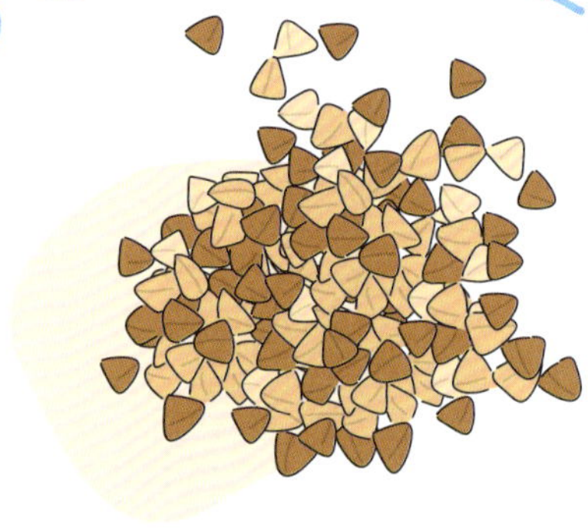

Jetzt erweitern wir unseren Speiseplan durch ein Korn, das wirklich etwas kann. Buchweizen gehört zu den sogenannten Pseudogetreiden, diese Bezeichnung gilt für Körnerfrüchte, die nicht zur Familie der Süßgräser gehören und kein Gluten oder Lektin enthalten. Der allerdings für lange Zeit in Vergessenheit geratene Buchweizen erlebt gerade eine Renaissance und das nicht nur wegen seines leckeren nussigen Geschmacks, sondern auch wegen seiner ernährungsphysiologischen Vorzüge. Der Buchweizen bereichert nicht nur die glutenfreie Küche, sondern gehört zu einer modernen ausgewogenen Ernährung dazu. Das kleine grünlich-bräunliche, manchmal auch leicht rötliche Korn in Herzform ist nicht nur vielseitig einsetzbar, sondern auch ein wahres Superfood. 1999 wurde Buchweizen sogar zur Arzneipflanze des Jahres gekürt. Wenn man möchte, kann man hier auch noch etwas weitergehen und das Superkorn als alternatives Heilmittel bezeichnen. Was seine glorreichen Inhaltsstoffe bewirken können, erfahren Sie in den folgenden Absätzen.

Herkunft und Nährstoffe

Buchweizen, der ursprünglich aus der südrussischen Steppe stammt, hat in der russischen und asiatischen Küche schon lange den Status als Wundernahrung. Aber auch in der österreichischen Küche hat der „Buckwheat", wie er im Englischen genannt wird, schon seit Mitte des 14. Jahrhunderts seinen festen Platz in Traditionsgerichten. Diese großartige Pflanzenart, die zu den Knöterichgewächsen zählt, blüht wunderhübsch mit weißen Blüten zwischen Juli und Oktober. Es gibt über ein Dutzend verschiedener Arten weltweit. Buchweizen stammt ursprünglich aus Zentral- bis Ostasien, in Deutschland wurde er durch die Kartoffel von unseren heimischen Äckern verdrängt und seine Bedeutung ging für unsere Ernährung verloren. Mittlerweile wird er aber auch wieder mehr in Deutschland und Europa angepflanzt.

Ich bin vor einigen Jahren während meiner Ausbildung zur Phytotherapeutin auf den Buchweizen gekommen und kann mir eine Ernährung ohne dieses Korn nicht mehr vorstellen. Und auch wenn der Name ein wenig so klingt: Buchweizen hat nichts mit Weizen zu tun, es fehlt das Klebereiweiß Gluten. Deshalb kann man auch bei bestehenden Rezepten nicht einfach das Weizenmehl 1:1 mit Buchweizenmehl austauschen. Ansonsten ist die unkomplizierte Verarbeitung und unglaubliche Vielseitigkeit eine Bereicherung für die Zubereitung von köstlichen, abwechslungsreichen und gesunden Gerichten. Ob als Porridge, Risotto, Suppe, Bratling, Pfannkuchen, als Mehl zum Backen, ob süß oder salzig, mild oder herzhaft, als Vorspeise oder Hauptgericht: Mit Buchweizen sind der Fantasie und der Kreativität in der Küche keine Grenzen gesetzt. Dazu kommt, dass die Inhaltsstoffe außerordentlich gesundheitsfördernd sind. Zu den wichtigsten Nährstoffen zählen Eisen, Magnesium, Kalium, Kalzium, Vitamin E, B1, B2 und B6 sowie Spurenelemente wie Kupfer, Zink und Mangan. Buchweizen gehört auch zu den besten pflanzlichen Eiweißlieferanten, sein Protein ist hochwertiger als das in Weizen. Außerdem enthält das Pseudogetreide verschiedene essenzielle Aminosäuren wie Lysin, Methionin, Leucin, Isoleucin und Phenylalanin, die zum Erhalt starker Knochen beitragen. Zudem enthält Buchweizen einen hohen Anteil an Ballaststoffen, die für unsere Verdauung und für unsere gesunde Darmflora sehr wichtig sind. Das sind alles Nährstoffe, von denen wir schon oft gehört haben, deshalb kommen wir jetzt zu den eher nicht so oft besprochenen und fast unbekannten Inhaltsstoffen.

Ein wichtiger Pflanzenstoff

Das enthaltene Kohlenhydrat Inositol wirkt sich positiv auf den Blutzuckerspiegel aus, was wir in unserer heutigen Ernährung unbedingt brauchen. Hier kommen wir zu meinem Lieblingsinhaltsstoff, dem Rutin. Rutin gehört im Gegensatz zu den Vitaminen und Mineralien nicht zu den lebenswichtigen Mikronährstoffen. Dennoch hat es im Körper viele gesundheitsförderliche Wirkungen. Rutin ist ein sekundärer Pflanzenstoff und zählt zu den Flavonoiden, er ist zum Beispiel auch in Petersilie enthalten. Anders gesagt, es ist ein Zellschutz aus der Pflanze, den wir uns dringend zunutze machen sollten. Rutin wird nachgesagt, dass es das Blut „verdünnt" und die Durchblutung verbessern soll. Dadurch schützt es die Zellen, das Bindegewebe und die Haut. Es hat hohe antioxidative Eigenschaften, soll den Alterungsprozess, Arteriosklerose und Herz-Kreislauf-Erkrankungen vorbeugen. Auch die Effekte auf unser Gehirn sind bemerkenswert und lassen auf eine präventive Wirkung bei Alzheimer und Parkinson hoffen. Besonders interessant ist Rutin für den Gewebeschutz und den Aufbau von Kollagen. Das Hauptanwendungsgebiet von Rutin sind Venen- und Gefäßerkrankungen sowie Hautveränderungen, geplatzte Äderchen und Hautrötungen.

Buchweizen ist außerdem ein basisches Lebensmittel, das den Körper reinigt und vor Übersäuerung schützt. Die Übersäuerung ist ein Grund für diverse Zivilisationskrankheiten, zum Beispiel für die Entstehung von Arthrose, oder andere entzündliche Vorgänge im Körper. Wer dem vorbeugen möchte, sollte Buchweizen in seinen Speiseplan unbedingt aufnehmen.

Einkauf und Lagerung

Buchweizen sollte immer in Bio-Qualität gekauft werden. Beim Kauf von Buchweizenmehl sollte bedacht werden, dass es verhältnismäßig schnell ranzig wird, deshalb sollte man sich nur mit so viel Mehl eindecken, wie auch in absehbarer Zeit verbraucht wird. Ganzen Buchweizen kann man auf Vorrat einkaufen. Er kann problemlos über einen längeren Zeitraum gelagert werden. Früher wurde der Buchweizen von Ernte zu Ernte gelagert und verbraucht. Bei der Lagerung sollte darauf geachtet werden, das wenig – am besten – kein Licht und keine Luft herankommt und der Aufbewahrungsort kühl und trocken ist. Buchweizen sollte für eine längere Lagerung in einem dunklen und gut zu verschließbaren Gefäß aufbewahrt werden, damit er nicht von Motten befallen werden kann. Ich empfehle, damit die kostbaren Inhaltsstoffe nicht oxidieren, immer die gewünschte Menge frisch zu mahlen. Das kann man mit einer Getreidemühle machen, aber auch in einem Mixer, am besten mit dem Nussprogramm. Vor dem Weiterverarbeiten, -kochen oder -einweichen des ganzen Buchweizens sollte er immer gründlich gewaschen werden.

Buchweizen-Porridge mit Fruchtmus und Kokosraspeln

Dieses Frühstück ist genau der richtige Start in den Tag. Es ist leicht und frisch, macht lange satt und bietet jede Menge neue Geschmackserlebnisse. Damit es ein richtig guter Tag wird!

Zubereitungszeit: 20 Min. ohne Einweichzeit / Für 2 Personen

Für das Porridge:

200 g Buchweizenkörner
Saft von ½ Zitrone
100 g Kokosraspeln
50 ml Hafermilch oder Wasser
3 Datteln (ohne Stein)
½ Banane (mit Schale)
½ TL Zimtpulver
10–15 Pistazien oder andere Nusskerne
abgeriebene Schale von ½ Bio-Zitrone

Für das Fruchtmus:

100 g Früchte der Saison (z.B. Erdbeeren oder Blaubeeren, frisch oder tiefgekühlt)
2 EL Chiasamen

Zubereitung:

1. Am Vortag Buchweizen in einem Sieb gründlich abspülen, dann in Wasser mit dem Zitronensaft über Nacht einweichen.
2. Für das Fruchtmus die Früchte mit den Chiasamen im Mixer pürieren und kurz im Kühlschrank ziehen lassen.
3. Das Einweichwasser des Buchweizens abgießen und den Buchweizen in einem Sieb noch mal gut unter fließendem kaltem Wasser abspülen.
4. Die Kokosraspeln in einer Pfanne ohne Fett anrösten, die Hälfte für das Topping aufheben, die andere Hälfte in den Mixer geben. Den eingeweichten Buchweizen mit Hafermilch oder Wasser, den Datteln, der Banane und dem Zimt zu den Kokosrapeln in den Mixer geben und pürieren.
5. Den Brei in zwei Schüsseln verteilen und das Fruchtmus kreisförmig in das Porridge rühren. Die restlichen Kokosflocken darüber verteilen und Nüsse und Zitronenschale über das Porridge geben.

Buchweizen-Gemüse-Risotto mit getrockneten Tomaten

Dieses Risotto lässt sich besonders gut für mehrere Tage vorbereiten und ist als Meal Prep für die Lunchbox sehr geeignet.

Zubereitungszeit: 40 Min. / Für 2 Personen

Zutaten:

2 Schalotten
2 frische Knoblauchzehen
Rapsöl
1 TL geriebener Ingwer
200 g Buchweizen
600–700 ml Gemüsefond oder -brühe
2 Möhren
3 Stangen Staudensellerie
6–8 grüne Bohnen
1 rote Spitzpaprikaschote
5 getrocknete eingelegte Tomaten (siehe S. 156)
Steinsalz
1 EL Tomatenmark
100 ml Hafermilch
Pfeffer aus der Mühle
veganer Cashew-Parmesan (siehe S. 53)

Alles verwenden:
Die Gemüseabschnitte für den Fond (siehe S. 161) aufbewahren. Die Paprikakerne werden getrocknet und neue Pflanzen daraus gezogen (siehe S. 119).

Zubereitung:

1. Schalotten und Knoblauch schälen, in feine Würfel schneiden und in einem größeren Topf im Rapsöl glasig andünsten. Den Ingwer dazugeben. Buchweizen in einem Sieb gut abspülen und unter Rühren kurz anbraten. Nun mit Gemüsefond oder -brühe ablöschen und aufkochen lassen und etwa 10 Minuten bei mittlerer Hitze köcheln lassen, dabei immer wieder umrühren.

2. Die Möhren schälen und in dünne Scheiben schneiden oder hobeln, den Stangensellerie, die Bohnen und die Paprika putzen (die Kerne aufbewahren) und klein schneiden. Die getrockneten Tomaten in dünne Scheiben schneiden. Alles mit etwas Salz und dem Tomatenmark in den Topf geben.

3. Weitere 10 Minuten köcheln lassen und dann die Hafermilch dazugeben, mit Pfeffer würzen und alles gut vermengen. Bei schwacher Hitze 5 bis 10 Minuten mit geschlossenem Deckel ziehen und quellen lassen. Den Topf zum Schluss von der Herdplatte nehmen und ihn noch einen Moment ruhen lassen. Zum Anrichten mit Cashewkäse und nach Belieben gehackter Petersilie bestreuen.

Schnittlauch-Pancakes als Brot oder Burger

Diese Pancakes sind nicht nur ein absoluter Hingucker, sondern sie sind auch unglaublich gesund und lecker. Schnittlauch liefert uns sehr besondere Inhaltsstoffe: ätherische Öle, Eisen, Kalium, Magnesium, Vitamine A, B6, C, K, Flavonoide, Gerbstoffe, Saponine, Cystein (Aminosäure) und Chlorophyll. Die Jakobszwiebel, wie man Schnittlauch auch nennt, ist auch ein Heilkraut. Es hilft bei Blähungen, Magen- und Darmentzündungen, Gicht und Husten. Zudem wirkt es harntreibend, blutreinigend und schleimlösend.

Leider benutzen wir Schnittlauch oft nur als Dekoration, das sollten wir ändern! Hier kommt der Schnittlauch ganz groß raus, farblich und auch in der Kombination mit dem Buchweizen. Diese Pancakes können als herzhafte Blinis oder Burgerbrötchen-Ersatz verwendet werden. Mit ihrer Kräuterfüllung können sie aber auch einfach so aus der Hand gegessen werden.

Zubereitungszeit: 40 Min. / Für ca. 8 Pancakes

Zutaten:

300 g Buchweizenmehl (frisch gemahlen, wenn möglich)
1 TL Backpulver
½ TL Steinsalz
300 ml Hafermilch oder andere Pflanzenmilch
2 Bund Schnittlauch (ca. 150 g; gewaschen)

Zubereitung:

1. Das Buchweizenmehl, das Backpulver und das Salz in eine Schüssel geben und verrühren. Die Hafermilch mit dem Schnittlauch in den Mixer geben und pürieren, bis die Flüssigkeit grün ist. Dann die grüne Hafermilch nach und nach unter ständigem Rühren zur Mehlmischung geben. Den Teig so lange rühren, bis er homogen und ohne Klümpchen ist. Die Teigmasse 10 bis 20 Minuten ziehen lassen.

2. Den Teig noch mal gut durchrühren, mit einer Kelle portionsweise in die Pfanne geben und bei mittlerer Hitze zu Pfannkuchen backen, dabei ein- bis zweimal wenden. Die Pancakes können je nach Lust und Laune belegt werden.

Veggie-Wunderburger

Der Wunderburger besteht aus: veganer Aquafaba-Mayonnaise (siehe S. 84), einer dünnen Scheibe roher Rotkohl, Salat, Gurke, Tomate, Zwiebel, dem Hirse-Bratling (siehe S. 74) und grüner Kräutersauce (siehe S. 158).

Es ist ein saftiger, gesunder, nährstoffreicher, veganer, glutenfreier und köstlicher Burger. Bitte probieren Sie ihn aus!

Tipp:
Für die Pancakes eignet sich am besten eine Crêpes-Pfanne, dann wird kein Öl zum Backen benötigt.

Süße Buchweizen-Pancakes mit Dattel-Karamell

Diese Pfannkuchen sind mittlerweile Standard bei mir. Wenn sie nicht sofort aufgegessen werden, bewahre ich sie im Kühlschrank auf und wärme sie einfach wieder im Toaster auf. So sind sie für mich auch gleich ein sehr gesundes Buchweizen-Toastbrot. Sie können süß oder herzhaft belegt werden. Hier eignet sich eine Pancake-Pfanne, denn dann können die runden Blinis auch ohne Fett gebraten werden.

Zubereitungszeit: 40 Min. / Für ca. 10 Pancakes (handtellergroß)

Zutaten:

300 g Buchweizenmehl (frisch gemahlen)
1 TL Backpulver
Steinsalz
500 ml Hafermilch oder andere Pflanzenmilch

Zubereitung:

1. Das Buchweizenmehl, das Backpulver und 1 Prise Salz in eine Schüssel geben und verrühren. Die Hafermilch nach und nach unter ständigem Rühren dazugeben. Den Teig so lange rühren, bis er homogen und ohne Klümpchen ist. Die Teigmasse nun 10 bis 20 Minuten ziehen lassen.

2. Die Pfanne vorheizen, je nach Pfanne mit oder ohne Öl. Den Teig noch einmal gut durchrühren, mit einer Kelle portionsweise nach und nach in die Pfanne geben und bei mittlerer Hitze zu Pfannkuchen backen. Den Pancake ein- bis zweimal wenden.

3. Zum Servieren mit verschiedenen Früchten garnieren und die Karamellsauce darübergeben.

Tipp:
Wer kann, sollte den Buchweizen frisch mahlen, entweder in einer Getreidemühle oder in einem Mixer.

Dattel-Karamell-Sauce

Dieses Karamell ist vielseitig einsetzbar, ob im Kaffee, über dem Müsli oder als Füllung im Kuchen.

Zubereitungszeit: ca. 5 Min. (ohne Einweichzeit) / Für ca. 250 ml

Zutaten:

10 Datteln (ohne Stein)
Steinsalz

Zubereitung:

1. Die Datteln mindestens 2 bis 3 Stunden in 60 bis 70 ml Wasser einweichen. Die eingeweichten Datteln mit etwa der Hälfte des Einweichwassers und 1 Prise Salz in den Mixer geben und gut pürieren. Je nachdem wie fest oder flüssig das Karamell werden soll, kann das restliche Einweichwasser dazugegeben werden. Alles weitermixen, bis eine cremige und homogene Sauce entstanden ist.

2. Die Sauce in ein Schraubglas füllen. Das Karamell ist etwa 1 Woche haltbar.

Tipp: Datteln ...

- haben einen hohen natürlichen Glukosegehalt und sind der ideale gesunde Energiespender,
- enthalten viele wertvolle Mineralstoffe wie Eisen, Folsäure, Zink und Kalium,
- sind reich an Vitaminen wie A, B, C und D,
- sind reich an Ballaststoffen,
- enthalten die Aminosäure Tryptophan, sie ist der Baustein für die Ausschüttung des „Glückshormons" Serotonin.

CASHEWKERNE

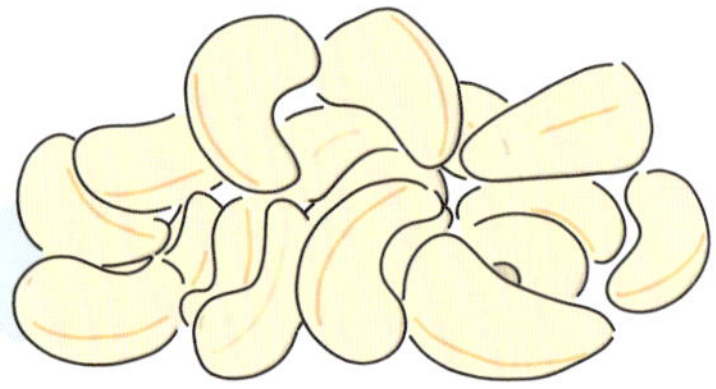

Hier werden wir jetzt direkt zum Kern der Sache kommen. Auch wenn viele denken, Cashews wären Nüsse, botanisch gesehen sind sie die Kerne des Cashewapfels. Der gelb- bis rotfarbene Cashewapfel ist birnenförmig und wächst am gleichnamigen Baum in bis zu 15 Meter Höhe. Jede Cashewbaumfrucht trägt nur einen nierenförmigen Kern in ihrem verdickten Stiel, der 2 bis 3 cm groß ist. Der Cashewbaum aus der Familie der Sumachgewächse ist eigentlich in Brasilien beheimatet und wurde im 16. Jahrhundert von den Portugiesen in Afrika und Indien eingeführt. Seit den 1960er-Jahren wurden Cashewerzeugnisse von Ostafrika nach Indien exportiert und dort weiterverarbeitet. Mittlerweile sind die größten Cashewfarmen in Vietnam. Die Cashewäpfel werden traditionell zu Saft, Marmelade und Schnaps für den einheimischen Markt verarbeitet und die Kerne werden für den Export in die ganze Welt vorbereitet.

Cashewkerne sind sehr vielseitig einsetzbar, sowohl für süße wie herzhafte Zubereitungen. Besonders für vegane Cremefüllungen, aber auch für veganen Käse eignen sich die Kerne für die Verarbeitung zu Hause besonders gut. Cashewkerne liefern viel Energie und unterstützen die Hirn- und Herzleistung mit Vitaminen der B-Gruppe (1, 2, 3, 5, 6). Aber auch ihre anderen Inhaltsstoffe sind wahre Glücklichmacher. Die weichen und trotzdem bissfesten Cashewkerne enthalten mit ungefähr 240 mg pro 100 Gramm einen enorm hohen Anteil der lebenswichtigen essenziellen Aminosäure L-Tryptophan. Diese ist für viele Funktionen in unserem Körper verantwortlich, unter anderem auch für die Bildung des „Glückshormons" Serotonin. Diese Aminosäure kann unser Körper nicht selbst bilden, deshalb müssen wir sie durch unsere Ernährung zu uns nehmen. Das enthaltene pflanzliche Eiweiß (auf 100 Gramm sind es immerhin 18 Gramm) ist überdies ein sehr hochwertiges Protein, was bei Sportlern für den Muskelaufbau von Vorteil ist. Zudem enthalten die Kerne das Spurenelement Eisen, das äußerst wichtig für das Hämoglobin und die Bildung roter Blutkörperchen ist. Cashewkerne sind außerdem reich an Magnesium und Phosphor, beides stärkt die Knochen.

Einkauf und Lagerung

Meine Empfehlung lautet, kaufen Sie Cashewkerne immer nur in Bio-Qualität, hiermit stellen Sie sicher, dass keine Pestizide im Anbau eingesetzt wurden, die die Böden zusätzlich belasten. Kaufen Sie nur Ware mit einem Fairtrade-Label. Dadurch unterstützen Sie Initiativen vor Ort, die sich für faire Arbeitsbedingungen und eine überdurchschnittliche Bezahlung einsetzen. Cashewkerne sind generell teurer als andere Nuss- oder Kernsorten, weil wie beschrieben der Cashewapfel nur einen Kern bildet, aber auch weil die Ernte und die Verarbeitung sehr aufwendig sind.

Zur Lagerung, damit die hochwertigen Inhaltsstoffe erhalten bleiben, empfiehlt es sich, Cashews nach dem Öffnen der Verpackung direkt in eine Frischhaltedose umzufüllen. Der beste Ort zur Aufbewahrung ist der Kühlschrank, so halten die Kerne ein paar Wochen.

Harte Schale, weicher Kern?

Zur Weiterverarbeitung von Cashewkernen wird in einigen Rezepten empfohlen, sie vorab einzuweichen. Das ist nicht immer zwingend nötig, bringt aber einige Vorteile mit sich. Die Cashews werden weicher und lassen sich so besser in einem Hochleistungsmixer zu verschiedenen Konsistenzen verarbeiten. Außerdem werden durch das Einweichen Antinährstoffe zersetzt, zum Beispiel die Phytinsäure. Phytinsäure ist ein ganz natürlicher Stoff, der vor allem in Getreiden, Hülsenfrüchten, Nüssen Samen und Kernen vorkommt, aber auch in Früchten und Gemüsen. In geringen Mengen wirkt er antioxidativ und antikanzerogen, bei großen Mengen funktioniert die Säure wie ein Speichermechanismus, den Pflanzen nutzen, um Mineralienvorräte anzulegen und sich vor Fressfeinden zu schützen.
Für uns Menschen bedeutet das, dass die Phytinsäure wie eine Mineralienfalle funktioniert und so die Aufnahme von Vitaminen und Proteinen hemmen kann. Das kommt aber erst ab einer großen Menge zum Tragen. Wenn man die Mineralienaufnahme aus der Nahrung verbessern möchte, dann kann man den Anteil von Phytinsäure verringern, indem man den Cashewzubereitungen etwas Zitronensaft hinzufügt. Es ist also nicht schlimm, wenn ein gewisses Maß an Phytinsäure in der Nahrung ist, denn sie kann auch positive Effekte haben. Hier zeigt es sich wieder, was mit einer ausgewogenen und abwechslungsreichen Ernährung gemeint ist.

Verschiedene Möglichkeiten, um Cashewkerne einzuweichen

Es wird in jedem Rezept darauf aufmerksam gemacht, dass das Einweichwasser weggeschüttet werden und nicht weiterverarbeitet werden soll! Ja, für die Lebensmittelherstellung bin ich auch dieser Meinung, aber da wir ja in diesem Buch alles verwenden und immer einen Schritt weiterdenken, gießen wir das Wasser nicht einfach weg. Dafür gibt es einen besonderen Grund: Wie ich zur Phytinsäure erklärt habe, bietet sie einen natürlichen Schutzmechanismus, der Fressfeinde der Pflanzen abwehrt.
Durch den Einweichprozess lösen wir die Phytinsäure aus den Cashewkernen und die Phytinsäure geht ins Wasser über. Deshalb können Sie Ihren Pflanzen nichts Besseres als natürlichen Ungezieferschutz bieten, wenn Sie dieses Einweichwasser zum Blumengießen verwenden.

Die lange Einweichmethode:

6 bis 8 Stunden, am besten über Nacht. Cashewkerne werden in der doppelten Menge Wasser in einer Schüssel eingeweicht und abgedeckt. Danach das Einweichwasser ◉ absieben und die Kerne mit reichlich fließendem kaltem Wasser abspülen.

Die schnelle Methode: 1 Stunde

Die entsprechende Menge der Cashews in eine hitzebeständige Schüssel geben und mit reichlich kochendem Wasser übergießen. Alles 1 Stunde ziehen lassen, die Schüssel soll nicht abgedeckt werden. Danach das Einweichwasser ◉ absieben und die Kerne mit kaltem Wasser nachspülen.

Die superschnelle Methode: 5 Minuten,

wenn wirklich keine Zeit vorhanden ist. Die entsprechende Menge der Cashewkerne in einen Topf geben, mit etwa der dreifachen Menge an Wasser auffüllen und zum Kochen bringen. Nach dem Siedepunkt den Herd ausschalten und 5 Minuten ziehen lassen. Danach das Einweichwasser ◉ absieben und die Kerne mit kaltem Wasser nachspülen.

Glücks-Torte mit Cashewkernen, Datteln und Erdnüssen

Dieser Rohkostkuchen erinnert wegen des Karamellgeschmacks und der Erdnüsse an Snickers. Eine unglaublich tolle Leckerei, die voll von guten Nährstoffen ist! In den Cashewkernen ist zum Beispiel Tryptophan enthalten und das sorgt in unserem Körper dafür, dass das „Glückshormon" Serotonin ausgeschüttet wird.
Aber auch sonst liefert uns diese köstliche Torte Magnesium, Zink, Eisen, Kalium, Phosphor und viele Vitamine der B-Gruppe, zudem aber auch Eiweiß, Ballaststoffe, Vitamin E und Folsäure. Sie ist ein wunderbar gesunder Süßigkeitensnack, der sich auch noch 1 gute Woche hält.

Zubereitungszeit: 30 Min., Zieh- und Einweichzeit: ca. 10 Std.

Zutaten für 1 Springform (ø 28 cm):

Für den Boden:

250 g ungeschälte Mandeln
150 g Datteln (ohne Stein)
3 EL Rohkakaopulver
2 EL Kokosöl

Für die Creme:

315 g Cashewkerne (einweichen)
3 Bananen (sehr reif, dann benötigt man kein weiteres Süßungsmittel)
3 EL Kokosmus
4 gehäufte EL Erdnussbutter

Für die Karamellsauce:

16 entsteinte Datteln (einweichen)
Steinsalz

Für die knackige Füllung:

1 Handvoll Erdnusskerne

Für die Schokoladenglasur:

3 EL Kakaobutter
3 EL Rohkakaopulver
3 EL Kokosblütenzucker

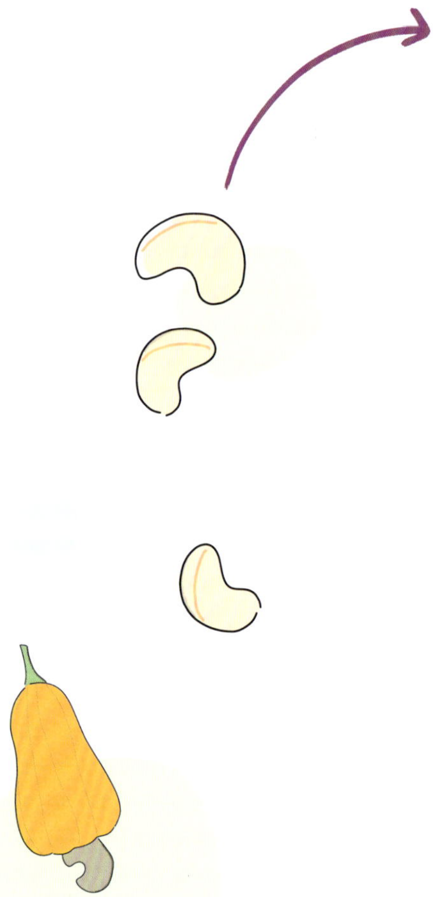

Zubereitung:

Vorbereitung: Die Cashewkerne in einer Schüssel mit kaltem Wasser ◉ mindestens 6 Stunden oder über Nacht einweichen. Sie sollten vollständig bedeckt sein. Die Datteln je nach Frische mindestens 3, besser 6 Stunden in kaltem Wasser einweichen. Sie sollten nicht im Wasser schwimmen, sondern nur gut bedeckt sein.

1. Für den Tortenboden Mandeln, Datteln, Kakaopulver, Kokosöl und 1 bis 2 EL Wasser in eine Küchenmaschine mit einem Messereinsatz geben und zu einer gut vermischten Masse, die zusammenhält, verarbeiten.

2. Die Springform mit etwas Kokosöl am Boden und Ring einfetten. Die marzipanähnliche Masse als Boden in der Springform verteilen und gut festdrücken.

3. Für die Creme Cashewkerne, Bananen, Kokosmus und Erdnussbutter in der Küchenmaschine sehr fein pürieren. Die cremige Masse gleichmäßig auf dem Boden verteilen. Die Springform mindestens 2 bis 3 Stunden oder länger kalt stellen.

4. Für die Karamellsauce die Datteln mit etwas Einweichwasser und 1 Prise Steinsalz ebenfalls in der Küchenmaschine fein mixen. Die Karamellsauce auf dem Kuchen gleichmäßig verteilen. Die Erdnüsse in einem Mörser oder mit einem Messer etwas hacken, damit nicht alle gleich groß sind, und dann die Torte damit belegen.

5. Die Springform wieder in den Kühlschrank stellen. Für die Schokoladenglasur Kakaobutter, Rohkakaopulver und Kokosblütenzucker im Wasserbad schmelzen und gut vermischen. Kurz abkühlen lassen und dann auf der Torte verteilen. Die fertige Torte erneut etwa 1 bis 2 Stunden im Kühlschrank durchziehen und abkühlen lassen. Dann die Torte mit einem Messer vorsichtig von dem Ring der Springform lösen und den Ring öffnen. Den Kuchen in nicht zu große Stücke schneiden, denn die Torte ist sehr sättigend.

Veganer Cashew-Frischkäse

Dieser cremige Käse ist für vieles zu verwenden. Als Brotaufstrich, Dip, als Saucengrundlage oder als Pilzfüllung zum Überbacken.

Zubereitungszeit: 10 Min., Einweichzeit: ca. 8 Std. / Für ca. 300 g

Zutaten:

200 g Cashewkerne
1 geschälte Knoblauchzehe
2 EL Hefeflocken
Saft von ½ Zitrone
½ TL Steinsalz
Schnittlauch nach Wunsch
etwas Pfeffer aus der Mühle

Alles verwenden:
Das Einweichwasser zum Blumengießen verwenden.

Zubereitung:

1. Die Cashewkerne 6 bis 8 Stunden oder über Nacht mit der doppelten Menge Wasser in einer abgedeckten Schüssel einweichen. Das Einweichwasser absieben, auffangen und die Kerne unter fließendem kaltem Wasser gründlich abspülen und zusammen mit der Knoblauchzehe, den Hefeflocken, dem Zitronensaft und dem Salz in einen Hochleistungsmixer geben. So lange mixen, bis der Frischkäse eine cremige Konsistenz erreicht hat. Wenn nötig, mit dem Stößel des Mixers ein wenig nachhelfen.

2. Den fertigen Frischkäse in eine Schüssel oder einen Behälter füllen. Den gewaschenen Schnittlauch in feine Ringe schneiden und unterrühren. Mit Pfeffer abschmecken.

Veganer Cashew-Parmesan

Ob auf Nudeln, Risotto, einem Salat oder zu Suppen – dieser Gewürzkäse schmeckt zu allem. Er ist sehr leicht herzustellen und über einen längeren Zeitraum haltbar.

Zubereitungszeit: ca. 10 Min. / Für 250 g

Zutaten:

50 g Cashewkerne
30 g Mandeln oder
Sonnenblumenkerne
40 g Hefeflocken
1 TL Steinsalz
1 TL Zitronensaft

Zubereitung:

1. Cashewkerne, Mandeln oder Sonnenblumenkerne, Hefeflocken und Salz in einem Multizerkleinerer oder Mixer zerkleinern. Dann den Zitronensaft dazugeben und erneut kurz in der Maschine mixen.

2. Die Masse auf einen flachen Teller geben und ausbreiten, damit sie etwas trocknen kann. Danach in ein Schraubglas füllen und im Kühlschrank aufbewahren. Dann hält sich der Parmesan 3 bis 4 Wochen.

GRÜNKOHL

Grüner wird es nicht! Also auf jeden Fall für mich nicht, hier kommen wir zu meinen liebsten grünen Blättern. Für alle, die ich jetzt sagen höre, Grünkohl mag ich nicht, entdecken wir diese Kohlblätter jetzt ganz neu! Ich sollte vielleicht erwähnen, dass ich auch zu den Menschen gehört habe, die keinen Grünkohl mochten. Wobei es nicht der Grünkohl war, den ich nicht mochte, sondern nur die Zubereitung, wie ich glücklicherweise vor einigen Jahren herausgefunden habe. Dieses wunderbare Kohlgemüse kannte ich traditionell nur zu Weihnachten oder zu fettigen Gerichten als Beilage. Bei diesen Gerichten wurde der Grünkohl, so wie ich es heute beschreiben kann, tot gekocht und überwürzt. Ich muss auch sagen, dass ich Grünkohl gekocht immer noch nicht wirklich mag, denn dieser intensive raue, bittere Kohlgeschmack und auch der Geruch machen mir in meiner leichten frischen Küche nicht wirklich Spaß. Ich finde auch die Farbe des zerkochten Grünkohls nicht wirklich schön auf dem Teller. Deshalb würde ich hier gerne mal anders an die Sache herangehen.

Geschmacklich hat der „Boerenkool" (holländisch), was Bauernkohl heißt, nämlich jede Menge zu bieten und lässt sich wunderbar zu vielem kombinieren. Früher war der Krauskohl, wie er auch genannt wird, ein typisches Wintergemüse und von November bis Januar erhältlich, das ist heute anders. Man bekommt den Kale, so ist er in den USA mittlerweile in aller Munde, von Oktober bis April und in dieser Zeit sollte er auch so oft wie möglich auf dem Speiseplan stehen. Es gibt verschiedene Theorien zum Alter dieser Kohlart, dessen Ursprung sich entlang der Küstengebiete rund um das Mittelmeer bis nach Kleinasien zieht. Fest steht, dass schon aus dem Jahre 400 v. Chr. aus Überlieferungen ermittelt werden konnte, dass eine Kohlart mit krausem Blattwerk zur damaligen Zeit bekannt war. Der heutige Grünkohl, die Zuchtform des Urgemüses, gehört zur Familie der Kreuzblütengewächse und ist weltweit verbreitet.

Die Renaissance eines über die Jahre sehr stiefmütterlich behandelten Gemüses ist durch einen Trend entstanden: Superfood. Wie wird nun also ein lang bekanntes Gemüse auf einmal zum Superfood? Das liegt daran, dass wir ein verstärktes Bewusstsein dafür entwickeln, dass unsere Gesundheit und unser Wohlempfinden von vielen Faktoren abhängen und eine gesunde nährstoffreiche Ernährung hierbei immer wichtiger wird. Viele unserer heutigen Beschwerden und Gesellschaftskrankheiten sind ernährungsbedingt: Wir essen zu viel Convenience Food, zu viele Fertiggerichte und zu viele Lebensmittel, die Fett und Zucker enthalten. Was wir brauchen, um unser Immunsystem dauerhaft zu kräftigen, sind Nahrungsmittel mit einer hohen Konzentration an Vitaminen, Ballaststoffen, Mineralstoffen und Antioxidantien. Damit sind wir mit Grünkohl gut versorgt. Der Vitamin-C-Gehalt auf 100 g ist mindestens doppelt so hoch wie der einer

Zitrone oder Orange und unterstützt so den Erhalt und Aufbau von Kollagen. Eine ballaststoffreiche Ernährung mit viel frischem Gemüse wie zum Beispiel Grünkohl hilft, den Glukose- und Zuckerspiegel sowie den Insulingehalt im Blut zu senken. Außerdem tragen die Pflanzenfasern dazu bei, die Fettwerte im Blutbild zu neutralisieren. Mineralstoffe wie Kalium verringern das Risiko für Herz-Kreislauf-Erkrankungen und senken den Blutdruck. Vitamin K in Kombination mit Kalzium stärkt die Knochen. Zudem enthält Grünkohl mehr Eisen und Omega-3-Fettsäuren als Rindfleisch. Das enthaltene Vitamin A ist das Schönheitsvitamin und für die Produktion von Talg zuständig, es unterstützt schöne Haut und Haare. Bis hierhin ist das schon ganz schön bemerkenswert.

Der grüne Wunderstoff

Jetzt kommen wir zu dem Inhaltsstoff aller Inhaltsstoffe: dem Chlorophyll! Ein sekundärer Pflanzenstoff, ein wahrer Radikalfänger und Jungbrunnen. Das grüne Pflanzenblut, so bezeichne ich das Chlorophyll immer, ähnelt mit seiner molekularen Struktur der unserer roten Blutkörperchen und unterstützt die Blutreinigung und die Blutbildung. Grünkohl ist mein Elixier. Meine Rezepte sind so aufgebaut, dass die Inhaltsstoffe erhalten bleiben und der Grünkohl, wenn überhaupt, nur ganz kurz erhitzt wird. Er kann roh gegessen werden, knackig, knusprig, bissfest und zart zubereitet werden. Ich möchte diesen grünen Blattfarbstoff etwas näher beschreiben und die gesundheitlichen Vorteile erläutern. Dazu sollte man wissen, dass das Chlorophyll eine Klasse von Farbstoffen ist, die in Algen und Pflanzen vorkommen und die Fotosynthese antreiben. Hierbei werden in der Kombination von Wasser, Pflanzen und Sonnenenergie in einem abgestimmten Prozess energiereiche Kohlenhydrate umgewandelt, wobei Sauerstoff freigesetzt wird. Chlorophyll ist nicht nur wichtig für unsere Atemluft, sondern auch für unseren Speiseplan. Der rote Farbstoff in unserem Blut, das Hämoglobin, und der grüne Farbstoff im Pflanzenblut, das Chlorophyll, unterscheiden sich nur wenig. Hämoglobin besitzt einen Kern aus Eisen, Chlorophyll einen aus Magnesium. Die Aufnahme von Chlorophyll kann dadurch die Bildung von neuem Blut anregen. Außerdem steigert es die Aufnahmefähigkeit von Eisen und Magnesium. Es hat aber noch andere, wirklich besondere gesundheitliche Nutzen für uns. Hier nur einige: Es wirkt antibakteriell, desodorierend – es beugt Mundgeruch und anderen Körpergerüchen vor –, ist entzündungshemmend und nimmt außerdem positiven Einfluss auf unsere Darmflora und unterstützt den Säure-Basen-Haushalt. Zudem wirken alle aufgezählten Inhaltsstoffe vitalisierend und belasten unseren Organismus nicht, sondern stärken unser Immunsystem. Besonders enthalten ist Chlorophyll in Grünkohl, Petersilie, Koriander, Gurke, Brokkoli, Erbsen und Kiwi.

Lagerung und Zubereitung

Beim Einkauf sollte darauf geachtet werden, dass der Grünkohl frische, pralle und dunkelgrüne Blätter hat, gelbe und welke Blätter sollten nicht gekauft werden. Im Kühlschrank hält er sich einige Tage frisch. Mein Tipp zur Aufbewahrung: den Grünkohl gleich nach dem Einkauf waschen und dann erst in das Gemüsefach des Kühlschranks legen. Grünkohl eignet sich besonders gut zum Einfrieren. Hierzu sollten die Blätter vom Strunk abgestreift und gründlich gewaschen werden, dicke Blattrippen sollten herausgeschnitten werden. Sowohl den Strunk als auch die dicken Blattrippen verwerten wir weiter zu einer Suppe. Es gibt für mich drei verschiedene Möglichkeiten, Grünkohl zuzubereiten:
1. roh und mariniert, 2. gewürzt und gebacken,
3. leicht gedünstet für Suppen.

Grünkohlsalat mit Kapern-Dattel-Dressing

Dieser Salat liegt mir sehr am Herzen, bitte probieren Sie ihn unbedingt aus! Es wird Ihr (Geschmacks-)Bild von Grünkohl und Ihren Speiseplan nachhaltig verändern.

Zubereitungszeit: 15 Min. / Für 2 Personen

Für den Salat:

600–800 g Grünkohl
4 EL Olivenöl
1–2 Tomaten
½ Salatgurke
1–2 frische Knoblauchzehen
1–2 Schalotten
1 Möhre
2 EL Kapern (in Salzlake)
1–2 EL Sonnenblumenkerne

Für das Dressing:

1 TL Kapern (in Salzlake)
etwas Kapernwasser
4 Datteln (ohne Stein)
2 EL naturtrüber Apfelessig (unpasteurisiert)
Steinsalz

Zubereitung:

1. Grünkohl von den harten Stielen zupfen (aus den Strünken wird eine Suppe gekocht, siehe S. 63), gründlich waschen und abtropfen lassen. Die Blätter in mundgerechte Stücke zupfen, in eine Schüssel geben und mit dem Olivenöl übergießen und marinieren. Das Öl mit den Fingern in die Blätter einmassieren und dann etwas einziehen lassen, dadurch werden die Blätter samtweich, bleiben aber trotzdem knackig.
2. Die Tomaten und Gurke waschen, den Knoblauch, die Schalotten und die Möhre schälen, in feine Stücke schneiden oder hobeln und zu dem Grünkohl in die Schüssel geben. Die Kapern dazugeben und alles gut untermischen.

Alles verwenden:
Die Gemüseabschnitte für den Fond (siehe S. 161) aufbewahren.

3. Für das Dressing Kapern, etwas Kapernwasser, Datteln, Apfelessig und 1 Prise Steinsalz in den Mixer geben und alles sämig pürieren. 2 bis 3 EL Wasser nach und nach dazugeben, je nachdem wie cremig oder flüssig das Dressing werden soll.
4. Das Dressing über den Salat geben und unterrühren. Mit Sonnenblumenkernen garnieren.

Grünkohlchips

Wer gerne knuspert und knabbert, ist hier ganz richtig. Wenn wir Lust auf Chips verspüren, müssen wir allzu oft auf industriell verarbeitete Produkte zurückgreifen. Das wird sich mit diesem Rezept ganz schnell ändern. Hier kommen Chips mit Nährwert.

Zur Info: Diese Art von Chips funktionieren nicht mit jedem Kohl. Sehr oft werden Grünkohl und Wirsingkohl verwechselt. Der Grünkohl bietet aufgrund seiner einzigartigen Blattstruktur die Möglichkeit, diese Chips zu backen, der Wirsingkohl verhält sich anders und wird nicht knackig.

Zubereitungszeit: 15 Min. / Für 100 g

Alles verwenden:
Aus den Strünken wird eine Suppe gekocht (siehe S. 63).

Zutaten:

4–5 große Grünkohlblätter
4–5 EL Olivenöl
Steinsalz
optional Gewürze nach Geschmack, z.B. Paprikapulver

Zubereitung:

1. Den Backofen auf 130 bis 150 °C (Umluft) vorheizen. Den Grünkohl von den harten Stielen zupfen, gründlich waschen und abtropfen lassen. In eine Schüssel geben, das Öl hinzufügen und mit den Fingern einmassieren, dann salzen. Wer mag, kann noch etwas Paprikapulver dazugeben. Alles gut verteilen und dann auf zwei Backblechen mit Backpapier verteilen, die Grünkohlblätter sollen einzeln liegen.

2. Die Chips 5 Minuten im vorgeheizten Ofen backen, zwischendurch einmal wenden. Das Tolle an den Chips ist nicht nur, dass sie sehr knusprig sind, sie bleiben auch für eine lange Zeit knusprig. Es lohnt sich also, gleich eine größere Portion als Meal Prep zu machen.

Süßer Grünkohl-Smoothie

Smoothies sind eine wirklich sehr gesundheitsfördernde Möglichkeit der Ernährung. Sie können flüssig zum Trinken zubereitet werden oder cremig zum Löffeln als Mahlzeit oder Süßspeise.

Zubereitungszeit: 10 Min. / Für 1 Portion

Zutaten:

3 Blätter Grünkohl
(ohne Strünke ⊛)
½ Banane
1 Kiwi
1 EL Kokosmus
2 Datteln (ohne Stein)
250 ml Kokoswasser
Kokosflocken zum Garnieren

Zubereitung:

1. Grünkohl waschen und abtropfen lassen. Die Banane schälen ⊛ (oder die Schale mit in den Smoothie geben, siehe Warengruppe Banane). Die Kiwi schälen.
2. Grünkohl mit Banane, Kiwi, Kokosmus, Datteln und Kokoswasser in den Mixer geben und pürieren, den cremigen Smoothie in eine Schüssel füllen und mit Kokosflocken garnieren.

⊛ Alles verwenden:
Aus den Grünkohlstrünken wird eine Suppe (siehe S. 63), die Bananenschalen werden zu Chips verarbeitet (siehe S. 27).

Power-Detox-Smoothie

Zubereitungszeit: 10 Min. / Für 1 Portion

Zutaten:

4 Blätter Grünkohl
(ohne Strünke ♻)
½ Banane
½ Apfel
2 Stiele Petersilie
3 Datteln (ohne Stein)
200 ml stilles Quellwasser
2 Eiswürfel

Zubereitung:

Grünkohl waschen und abtropfen lassen, die Banane schälen ♻ (oder die Schale mit in den Smoothie geben, siehe Warengruppe Banane). Den Apfel waschen und den Stiel entfernen. Petersilie waschen, trocken schütteln und mit Stielen und allen anderen Zutaten in den Mixer geben und alles pürieren.

Grünkohlpesto

Dieses Pesto ist mal etwas anders als das gängige Basilikumpesto. Es ist sehr nährstoffreich und passt gut zu Nudeln, Kartoffeln oder auf Brot.

Zubereitungszeit: 15 Min. / Für 2 Gläser

Zutaten:

100 g Grünkohl
2 frische Knoblauchzehen
90 g Sonnenblumenkerne
100 ml Olivenöl
Steinsalz oder das Zitronensalz (siehe S. 160)
Zitronensaft

Alles verwenden:
Die Grünkohlstrünke werden zu einer Suppe verarbeitet. Die Knoblauchschalen für den Fond (siehe S. 161) aufbewahren.

Zubereitung:

1. Den Grünkohl von den harten Stielen zupfen, gründlich waschen und abtropfen lassen. Knoblauchzehen schälen. Beides mit Sonnenblumenkernen, Olivenöl, etwas Stein- oder Zitronensalz und 1 Schuss Zitronensaft in den Mixer oder einen Multizerkleinerer geben und bis zur gewünschten Konsistenz mixen. Es ist empfehlenswert, das Pesto noch etwas grob und kernig zu lassen.

2. Das Pesto in saubere kleine Einmachgläser füllen und zur Haltbarmachung mit etwas Olivenöl bedecken. Das Pesto kann so ein paar Wochen aufbewahrt werden. Es eignet sich sehr fürs Meal Prep, kann man aber auch auf Vorrat immer im Haus haben.

Grünkohlsuppe aus Strünken

Die Strünke oder Stiele vom Grünkohl sind zwar etwas zäh zum Rohessen, aber in einer Suppe sind sie perfekt zu verarbeiten.

Info: Die Stiele des Grünkohls eignen sich nicht für unseren Gemüsefond, denn der Kohlgeschmack ist für den selbst gemachten Gemüsefond zu intensiv.

Zubereitungszeit: 15 Min. / Für 2 Personen

Zutaten:

5–8 Grünkohlstrünke
300 ml Gemüsefond (siehe S. 161)
1 kleine Zwiebel
1 frische Knoblauchzehe
½ Apfel
3 vorgekochte Kartoffeln (siehe S. 157)
Steinsalz nach Geschmack
1 EL Sonnenblumenkerne
evtl. Chilifäden zum Garnieren

Zubereitung:

1. Die Strünke in einem Topf mit Dämpfeinsatz geben und etwa 5 Minuten dämpfen.

2. Den Gemüsefond erhitzen, Zwiebel und Knoblauch schälen. Den Apfel waschen, das Kerngehäuse nicht entfernen. Dann alle Zutaten in den Mixer geben und cremig mixen. Die Suppe nach Belieben mit Chilifäden garnieren.

HAFER

Mich sticht der Hafer! Also auf jeden Fall, wenn es um dieses sensationelle Getreide geht. Müsste ich auf eine einsame Insel und dürfte nur drei Dinge mitnehmen, wäre Hafer eines davon, warum, das erkläre ich Ihnen hier kurz.

Hafer ist eines der gesündesten Getreide überhaupt. Das liegt an dem beeindruckenden Nährstoffgehalt, die enthaltenen Vitamine und Mineralstoffe bieten fantastische Eigenschaften für unsere Gesundheit. Es gibt ungefähr 25 verschiedene Arten von Hafer, er gehört zur Gattung der Süßgräser. Deshalb ist der Hafer auch das mit Abstand am allerbesten schmeckende Getreide. Ob roh im Frischkornbrei – auch Overnight Oats genannt – oder im Müsli gekocht als Porridge, in Backwaren oder anderweitig verarbeitet. Da der Hafer nicht so einfach zu ernten ist wie andere Ährengetreide schenkte man ihm über viele Jahrtausende nur wenig Beachtung. Weizen zum Beispiel wurde schon vor mehr als 10 000 Jahren gezüchtet, Hafer hingegen erst seit 3000 Jahren. Es wurde also erst relativ spät erkannt, dass der Hafer sehr widerstandsfähig, robust und anspruchslos ist und auch auf kargen Böden gedeiht. Es gibt mittlerweile ungefähr 25 verschiedene Arten über die ganze Welt verteilt.

Oft kommt die Frage auf, ob Hafer glutenfrei ist: Diese Frage kann sehr eindeutig uneindeutig mit Ja, Nein und Vielleicht beantwortet werden. Hierbei kommt es unter anderem auch auf die verschiedenen Arten an. Die deutsche Zöliakie-Gesellschaft tendiert zu einem Ja (also einer Glutenfreiheit), sofern das Produkt, also die Haferflocken, bei der Verarbeitung und dem Mahlvorgang nicht kontaminiert worden ist. Das bedeutet, wenn der Hafer in Mühlen gemahlen wird, in denen vorher Weizen gemahlen wurde, dann wären die Flocken zum Beispiel durch Weizenrückstände aus der Mühle „verunreinigt". Für Zöliakie-Patienten oder Menschen mit einer Glutenunverträglichkeit empfiehlt es sich deshalb, den Hafer als ganzes Korn selbst mit einer Flockenmühle zu Hause zu mahlen. Es gibt natürlich auch Haferflocken mit der Kennzeichnung glutenfrei zu kaufen. Ich kann Ihnen die Frage, ob Hafer nun Gluten mit sich bringt oder nicht, also nicht zu 100 Prozent beantworten. Fakt ist aber, Hafer gilt

als guter Proteinlieferant, als hervorragende Vitamin- und Mineralstoffquelle und zählt überdies zu den Getreiden, die oft auch glutenempfindliche Menschen vertragen, zumindest bis zu einer bestimmten Menge.

Inhaltsstoffe

Ob kernig oder zart, Haferflocken sind grundsätzlich Vollkornkost und enthalten immer die Randschichten des Haferkorns. Deshalb sind sie so ballaststoffreich, sorgen für ein langes Sättigungsgefühl und die Vermehrung sogenannter guter Darmbakterien. Zudem sind Haferflocken auch schon als sehr altbewährtes Hausmittel als Suppe bei Verstopfung effektiv. Auch sind sehr viele Antioxidantien und Polyphenole, sekundäre Pflanzenstoffe, enthalten, die der vorzeitigen Alterung des Gewebes entgegenwirken und den Körper vor freien Radikalen schützen. Weiter sind auch Zytokine, eine Proteingruppe von Peptiden, vorhanden, die das Zellwachstum regulieren, dies kann Entzündungen in den Arterien verhindern und Arteriosklerose vorbeugen. Hafer hat auch einen positiven Einfluss auf unseren Blutzuckerspiegel und kann ihn senken, das ist gerade bei übergewichtigen Menschen und bei Typ-2-Diabetes-Patienten von großem Vorteil. Zudem kann auch das als „schlechtes" Cholesterin bezeichnete LDL durch regelmäßigen Verzehr, 30 bis 50 g pro Tag, von Hafer gesenkt werden. Besonders wertvoll ist auch die Haferkleie. Sie enthält etwas weniger Kohlenhydrate und im Unterschied zur Flocke, die aus dem ganzen Korn besteht, besteht sie aus den Randschichten und dem Keimling des Hafers. Sowohl die Kleie als auch die Flocken enthalten Biotin – ein wahrer Schönmacher für Haut, Haare und Nägel. Aber auch für das Nervensystem sind die enthaltenen B-Vitamine mehr als wertvoll. Hier ist auch wieder die Kombination der gesamten Inhaltsstoffe perfekt. Die Mengen an Zink und Eisen, die in 100 g Hafer enthalten sind, sind höher als in der gleichen Menge Steak. Als wäre das nicht schon genug, sind auch noch ausreichend Magnesium und Silizium für die Knochengesundheit vorhanden. Der Proteingehalt liegt zwischen 13 bis 15 g pro 100 g Hafer.

Einkauf und Lagerung

Ob Flocken, das ganze Korn oder Kleie – nach dem Einkauf sollte alles in luftdichten Behältern bei Zimmertemperatur aufbewahrt werden. So ist Hafer lange haltbar und ein guter Vorrat. Der Einkauf von Hafer ist nicht immer ganz leicht, die Produktbeschreibungen sind unterschiedlich. Wenn auf der Verpackung geschält oder entspelzt steht, bedeutet dies, dass der jeweilige Hafer erhitzt wurde und nicht mehr keimfähig ist. Im gut sortierten Bio-Handel gibt es auch Nackthafer oder Hafer in Rohkostqualität, dieser ist dann nicht erhitzt, wäre noch keimfähig und enthält die meisten Inhaltsstoffe. Besonders die sensiblen B-Vitamine, aber auch Eisen und Zink sind hitzeempfindlich. Das ist für diejenigen wichtig zu wissen, die einen Haferrohkostbrei ansetzen wollen. Wenn Sie aus dem Hafer eine warme Speise, ein Porridge oder eine Suppe oder Backware zubereiten möchten, dann können Sie auch auf den üblichen Spelzhafer zurückgreifen. Kaufen Sie Hafer immer in Bio-Qualität, denn Stichproben haben ergeben, dass in fast allen konventionellen Haferprodukten Pestizidrückstände zu finden sind.

Hafermilch/Haferelixier

Abgesehen von den gesundheitlichen und ökologischen Vorteilen, hat Hafermilch einen dezenten Geschmack und kann vielseitig eingesetzt werden. Die Zubereitung geht schnell, ist einfach und es kostet nur etwa 30 Cent, einen Liter Haferelixier herzustellen. Das entlastet die Umwelt, vermeidet Müll und hat die beste Qualität.

Zubereitungszeit: 1 Std. / Für ca. 1 l

Zutaten:

100 g Bio-Haferflocken
1 l gefiltertes Wasser oder Quellwasser
1 TL Agavendicksaft (optional)

Alles verwenden:
Der Trester wird zu einem Smoothie weiterverarbeitet (siehe S. 69).

Zubereitung:

1. Die Haferflocken in einem Mixer fein mahlen. Danach mit dem Wasser auffüllen und 30 Minuten ziehen und quellen lassen.

2. Dann erneut mixen und weitere 10 Minuten ziehen lassen. Ein weiteres Mal kurz mixen, nach Belieben den Agavendicksaft hinzufügen, und alles durch einen Nussmilchbeutel abseihen. Den Trester aufheben, er wird weiterverarbeitet.

3. Die Hafer-Pflanzen-Milch in eine heiß ausgewaschene Flasche abfüllen und im Kühlschrank aufbewahren. Sie ist etwa 3 Tage haltbar.

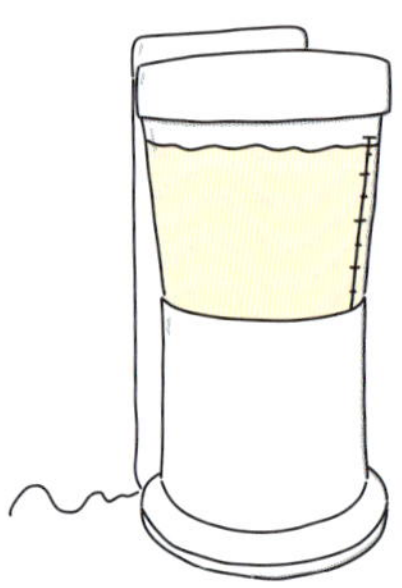

Hafersahne

Wir brauchen oft weniger zum Leben, als wir denken, wenn diese wenigen Dinge dann noch von einer hohen und besonders guten Qualität sind, haben wir plötzlich viel mehr. Das Verständnis für Qualität, Nährstoffe und Minimalismus sollte es auch bei unserer Ernährung geben. Aus Hafer zum Beispiel kann ich Hafermilch für Kaffee oder Müsli herstellen, aber auch Hafersahne für Saucen und Aufläufe. Mit wenigen Lebensmitteln auszukommen und trotzdem ausreichend mit Nährstoffen versorgt zu werden, ist absolut möglich. Ein gutes Beispiel ist die Hafersahne.

Zubereitungszeit: ca. 20 Min. / Für ca. 400 ml

Zutaten:

700 ml Wasser
100 g Haferflocken, wenn möglich frisch geflockt, oder ganze Haferkörner
1 EL Pflanzenöl, z.B. Raps- oder Sonnenblumenöl
Steinsalz

Zubehör:

Kochtopf
Mixer
Nussmilchbeutel oder Mulltuch
Schüssel
2 kleine Glasflaschen, je 200 ml Volumen

Zubereitung:

1. Das Wasser zum Kochen bringen. Die Haferflocken oder Haferkörner in den Mixer geben und fein mahlen.

2. Nun die Hälfte des heißen Wassers (350 ml) dazugeben, erneut mixen und 5 Minuten quellen lassen. Dann das restliche heiße Wasser, das Pflanzenöl und 1 Prise Steinsalz hinzufügen. Alles 2 bis 3 Minuten auf mittlerer Stufe mixen. Die Masse kann jetzt noch einmal 5 bis 10 Minuten weiterquellen, muss aber nicht, je nachdem wie cremig das Endergebnis werden soll.

3. Nun durch den Nussmilchbeutel oder das Mulltuch abgießen und gut ausdrücken. Den Trester aufbewahren. Die Hafersahne warm in die vorher steril abgekochten Gläser abfüllen. Die Hafersahne sollte im Kühlschrank aufbewahrt werden und hält etwa für 4 bis 5 Tage.

STEP-BY-STEP ANLEITUNG

Hafermilch/Haferelixier

1. 100 g Haferflocken in den Mixer geben und fein mahlen.

2. 1 Liter Wasser hinzufügen.

3. 30 Minuten ziehen und quellen lassen.

4. Erneut mixen und weitere 10 Minuten ziehen lassen.

5. Ein weiteres Mal kurz mixen, evtl. Agavendicksaft hinzufügen.

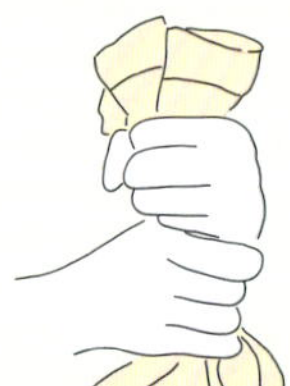

6. Alles durch einen Nussbeutel abseihen.

Trester aufheben, wird weiterverarbeitet!

7. Flüssigkeit in eine heiß ausgewaschene Flasche abfüllen ...

8. ...und im Kühlschrank aufbewahren.

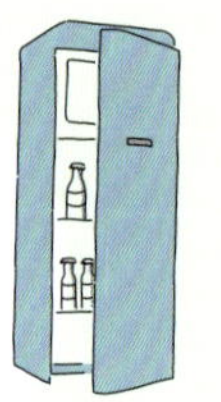

Hafertrester

Hafer-Schoko-Shake

Die Pressrückstände, den Trester, in den Mixer geben, 2 Eiswürfel dazugeben, ½ Banane, 1 EL Rohkakaopulver, 1 Schuss Hafermilch oder Wasser und etwas Agavendicksaft hinzufügen, kurz aufmixen und dann genießen.

Hafer-Erdbeer-Shake

Die Pressrückstände, den Trester, in den Mixer geben, 2 Eiswürfel dazugeben, frische Erdbeeren oder Blaubeeren oder andere Früchte der Saison dazugeben, nach Wunsch mit etwas Agavendicksaft kurz mixen und den Protein-Frucht-Smoothie genießen. Wenn es keine frischen Früchte gibt, dann können auch gefrorene verwendet werden, dann brauchen Sie keine extra Eiswürfel.

HIRSE

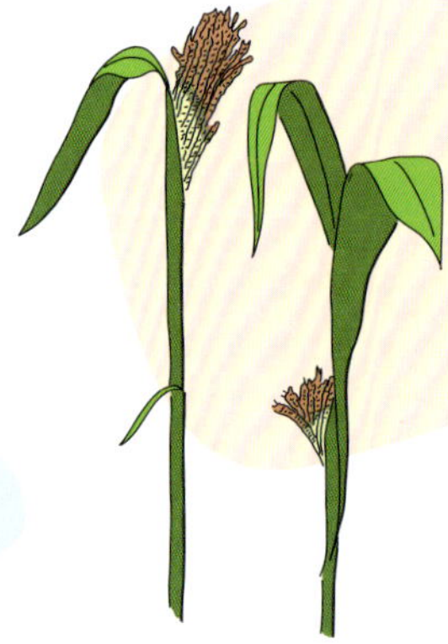

Hirse ist ein ganz besonders Lebensmittel. Der Name ist aus dem Altgermanischen abgeleitet und bedeutet so viel wie Sättigung und Nahrhaftigkeit. Hirse ist glutenfrei, gehört zur Familie der Süßgräser und ist ein Spelzgetreide, wie auch Reis, Hafer, Gerste, Dinkel und Buchweizen. Bei dem Spelzgetreide handelt es sich um Getreide, das nach der Ernte erst von einer ungenießbaren Holzfaserschicht gereinigt werden muss. Erst dann kommt man an die kleinen gelbgoldenen bis rötlichen Hirsekugeln heran. Die Hirsepflanze kann zwischen ½ bis 7 Meter groß werden. Die Ähren sind in einer Rispe angeordnet, die Pflanze ähnelt beim Anbau dem Mais. Sie stammt ursprünglich wahrscheinlich aus dem heutigen Äthiopien und Sudan.

Hirse wird schon seit Jahrtausenden kultiviert und war schon 5000 v. Chr. ein Grundnahrungsmittel. Schon um 5000 bis 2000 v. Chr. wurde Hirse verbreitet, erst nach Indien und China, dann in den Mittleren Orient und in den Mittelmeerraum. Es war ein langer Weg für die kleinen Körner. Heute stammt ein großer Teil der Hirse aus China, Kanada und den USA und wird zu uns nach Deutschland importiert. Hirse wird aber auch immer mehr in Deutschland angebaut. In der ökologischen Landwirtschaft werden oft alte einheimische Sorten angebaut und so wird die Artenvielfalt gefördert. Hirse braucht nicht viel Wasser und ist sehr widerstandsfähig. Das macht den Einsatz von Pflanzenschutzmitteln überflüssig, weshalb sich Hirse gut für die ökologische Landwirtschaft eignet.

Es gibt einige traditionelle Bräuche und Märchen, die sich um die Hirse drehen. So war es im Mittelalter Sitte, bei Hochzeiten die kleinen Körner über die Brautleute zu werfen. Im Märchen „Der süße Brei" von den Brüdern Grimm ist Hirse der Hauptdarsteller. Hirse war also schon vor Jahrhunderten von höchster Bedeutung, lange bevor es Weizen gab. Heute ist es wichtig für uns und unsere Gesundheit, dieses alte Getreide neu zu entdecken. Aus vielerlei Gründen, zum Beispiel weil es sehr bekömmlich und leicht verdaulich ist, was bedeutet, dass Hirse schnell satt macht und lange sättigend und magenschonend ist. Es kommt nicht zu Blähungen, Sodbrennen, Durchfall oder Verstopfung. Das kleinkörnige Pseudogetreide gibt es in vielen unterschiedlichen Farben. Ob goldgelb, braun, rot oder fast weiß – Hirse ist vitalstoffreich, voll mit Nährstoffen, Spurenelementen, Antioxidantien und Vitaminen.

Inhaltsstoffe

Hirse ist ein Gesundbrunnen, kann zum Backen, in herzhaften und süßen Speisen, als Bratling oder Brei verarbeitet werden. Ein besonderes Alleinstellungsmerkmal ist der hohe Anteil an Silizium. Dieses Spurenelement ist eine Form von Kieselsäure, sorgt für ein gutes Hautbild, schöne Haare und Nägel.
Es strafft das Bindegewebe, beugt Cellulite vor, stärkt die Knorpelmasse und Knochen. Das enthaltene Flavonoid Anthocyan, ein sekundärer Pflanzenstoff, gilt als Antioxidans und ist in der Lage, freie Radikale unschädlich zu machen. Es schützt die Zellen und baut die körpereigene Abwehr auf. Zudem ist das Betacarotin, also das Provitamin A, enthalten. Auch der Eisengehalt ist etwa dreimal so hoch wie in anderen Getreidesorten. Gerade Frauen, die häufiger unter Eisenmangel leiden, sollten Hirse in ihren Speiseplan aufnehmen. Eisen kontrolliert den Sauerstofftransport ins Blut und sorgt damit für zusätzliche Energiegewinnung. Dadurch werden Konzentration und Leistungsfähigkeit gesteigert.

Ein hoher Anteil an Protein und essenziellen Aminosäuren ist wichtig für die Bildung von Gewebe, Organen und Muskeln. Da gerade Kinder und Babys die Aminosäure Leucin aus der Hirse benötigen, ist Hirsebrei ein beliebtes Lebensmittel für Babys und Kleinkinder. Die Kombination aus Aminosäuren und komplexen Kohlenhydraten macht Hirse zu einem echten Schlankmacher. Denn Hirse sättigt lange und hat auf 100 Gramm nur 114 Kilokalorien. Viele Ballaststoffe und der hohe Eiweißgehalt beugen Heißhungerattacken vor. Des Weiteren sind Vitamine wie B1, B3, B5 und B6, Zink und Magnesium, Fluor, Schwefel, Kalium enthalten.

Zudem sind wertvolle mehrfach ungesättigte Fettsäuren, auch essenzielle Fettsäuren genannt, enthalten. Diese müssen mit der Nahrung aufgenommen werden und haben wichtige Funktionen. Unter anderem tragen sie zu einem gesunden Cholesterinspiegel bei und senken das LDL-Cholesterin. Eine Hirsekur über 28 Tage, das hat eine US-Studie ergeben, kann den Blutzuckerspiegel senken und den HDL-Cholesterinspiegel anheben. Zudem sind diese Fettsäuren an unserem Fettstoffwechsel beteiligt. Sie dienen unter anderem als Bestandteil der Zellmembranen und sorgen für die Geschmeidigkeit und ihre Durchlässigkeit. Insbesondere für unsere Gehirntätigkeit und die Nervenzellen ist das ein wichtiger Faktor.

Einkauf und Lagerung

Versuchen Sie Hirse aus regionalem Anbau zu kaufen und immer in Bio-Qualität. Die sensiblen Inhaltsstoffe, wie die mehrfach ungesättigten Fettsäuren, sollen bei der Lagerung geschützt werden.
Füllen Sie die Hirse deshalb in ein sauberes, trockenes, dunkles und verschließbares Gefäß um. Bewahren Sie das Gefäß trocken, kühl und lichtgeschützt auf. Vermerken Sie das Mindesthaltbarkeitsdatum.

Wichtig!

Hirse sollte immer vor der Verarbeitung gut mit lauwarmem Wasser abgespült werden. Damit wird vor dem Kochen die Phytinsäure, ein Antinährstoff, herausgelöst. Er blockiert die Aufnahme von wichtigen Nährstoffen, wie zum Beispiel Eisen und Zink, aus unserer Ernährung. Hirse sollte deshalb auch nie roh gegessen werden.

Hirsebrot mit Leinsamen und Nüssen

Das basische Brot mit vielen Ballaststoffen aus Samen, Kernen und Nüssen ist schnell zuzubereiten und geschmacksintensiv.

Zubereitungszeit: ca. 1 Std. 20 Min. / Für 1 Kastenform (25 cm Länge)

Zutaten:

150 g Hirse (frisch gemahlen oder Hirsemehl)
100 g Buchweizen (frisch gemahlen oder Buchweizenmehl)
90 g Leinsamen
60 g Kürbiskerne oder Sonnenblumenkerne
35 g Hanfnüsschen oder Hasel- oder Walnüsse (klein gehackt)
4 EL Flohsamenschalen
½ TL Natron
2 EL Kokosöl
1 EL naturtrüber Apfelessig (unpasteurisiert)
2 TL Steinsalz
1–2 TL Brotgewürz
2 EL Sesamsamen zum Bestreuen

Zubereitung:

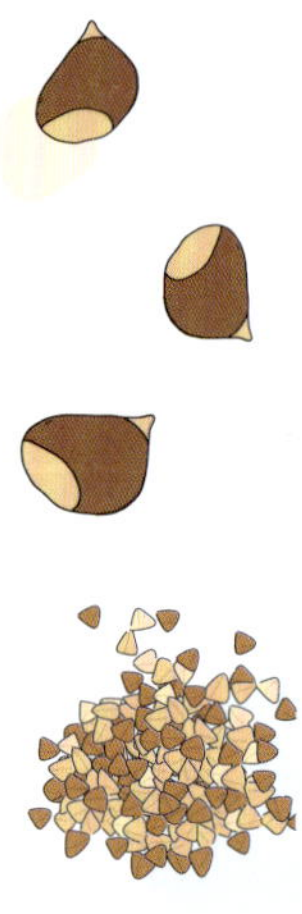

1. Hirse, Buchweizen, Leinsamen, Kürbiskerne, Nüsse, Flohsamenschalen und Natron in einer Schüssel vermengen. Das Kokosöl leicht erwärmen und schmelzen lassen, in 400 bis 500 ml lauwarmem Wasser verrühren und den Apfelessig dazugeben. Die Flüssigkeit nach und nach zu den trockenen Zutaten geben, mit Salz und Brotgewürz würzen und alles gut verkneten.

2. Den Backofen auf 175 °C (Umluft) vorheizen. Eine Kastenform (25 cm Länge) mit angefeuchtetem Backpapier auslegen und den Brotteig hineingeben. Die Form mit dem Teig etwas auf die Arbeitsfläche klopfen, damit sich der Teig gleichmäßig verteilt. Mit etwas Sesam bestreuen und 40 bis 50 Minuten im vorgeheizten Ofen backen.

3. Anschließend das Brot aus dem Ofen nehmen, kurz abkühlen lassen, aus der Form nehmen, umdrehen und das Brot ohne Backform 15 bis 20 Minuten weiterbacken. Das Backpapier dient auch als Aufbewahrungspapier, das Brot kann darin eingeschlagen werden.

Hirsebratlinge mit Möhren

Ob Bratling, Bulette oder Frikadelle genannt: Sie ist auf jeden Fall mit Hirse rein vegetarisch und wirklich gesund.

Zubereitungszeit: ca. 50 Min. (ohne Einweichzeit) / Für ca. 8 Bratlinge

Zutaten:

200 g gelbe Hirse, 2 EL Apfelessig
500 ml Gemüsefond oder -brühe
Steinsalz
3 Möhren
1 Zwiebel
2 frische Knoblauchzehen
2–3 EL Buchweizenmehl
½ TL Kurkumapulver
Pfeffer aus der Mühle
frisch geriebene Muskatnuss
Pflanzenöl zum Anbraten

Alles verwenden:
Die Gemüseabschnitte für den Fond (siehe S. 161) aufbewahren.

Zubereitung:

1. Hirse, wenn möglich, 6 bis 8 Stunden mit der doppelten Menge warmem Wasser und 2 EL Apfelessig einweichen.

2. Ob eingeweicht oder nicht, vor dem Kochen die Hirse in einem feinen Sieb gründlich mit Wasser abspülen. In einen Topf geben, mit Gemüsefond bedecken und 1 Prise Steinsalz dazugeben. Aufkochen lassen, dann die Hitze reduzieren und mit geschlossenem Deckel garen lassen, bis das Wasser aufgesogen ist. Den Topfdeckel nicht anheben und die Hirse nicht umrühren. Eingeweichte Hirse braucht 12 bis 15 Minuten zum Garen, nicht eingeweichte Hirse braucht 20 bis 25 Minuten, bis sie gar ist. Die fertig gegarte Hirse mit einer Gabel auflockern und abkühlen lassen.

3. Möhren, Zwiebel und Knoblauch schälen. Die Möhren fein reiben, Knoblauch durch die Presse drücken und die Zwiebel sehr klein würfeln. Das Gemüse, das Buchweizenmehl und die Gewürze zu der etwas abgekühlten, aber noch lauwarmen Hirse geben. Nun alles mit den Händen zu einem zähen Brei durchkneten. Den Hirsebrei mit angefeuchteten Händen zu kleinen Burger-Patties formen. Wer perfekt geformte Patties haben möchte, kann dazu Dessertringe benutzen.

4. Öl in der Pfanne erhitzen und die Patties darin auf beiden Seiten bei milder Hitze anbraten, die Burger sollten nicht zu dunkel gebraten werden. Das wäre schade! Dazu passen die Senfsauce (siehe S. 159) und etwas gedünstetes Gemüse besonders gut.

Hirsebrei mit Fruchtmus

Diesen süßen, gesunden Frühstücksschmaus mögen kleine und große Leute. Denn er macht lange satt und hat wenig Kalorien.

Zubereitungszeit: ca. 25 Min. / Für 2 Personen

Zutaten:

100 g gelbe Hirse
2 EL Apfelessig
200 ml Apfelsaft (naturtrüb, ohne Zuckerzusatz)
100 ml Hafermilch
2 TL abgeriebene Bio-Zitronenschale
Steinsalz
½ Apfel
1 Handvoll Blaubeeren oder andere Früchte
1 EL Chiasamen
½ TL Zimtpulver
2–3 Walnusskerne

Zubereitung:

1. Hirse, wenn möglich, 6 bis 8 Stunden mit der doppelten Menge warmem Wasser und 2 EL Apfelessig einweichen. Ob eingeweicht oder nicht, vor dem Kochen die Hirse immer in einem feinen Sieb gründlich mit Wasser abspülen.

2. Apfelsaft, Hafermilch, Zitronenschale und 1 Prise Salz in einem Topf aufkochen. Den Apfel waschen und in kleine Würfel schneiden, dann mit der gewaschenen Hirse in den Topf geben, kurz aufkochen lassen und etwa 20 Minuten bei mittlerer Hitze köcheln und quellen lassen, bis ein sämiger Brei entstanden ist.

3. Für das Fruchtmus die Blaubeeren oder andere Früchte, die Chiasamen und 2 EL Wasser in einen Mixer geben und kurz mixen.

4. Den Hirsebrei in eine Schüssel geben und mit dem Zimt bestreuen. Nach Geschmack mit Walnüssen bestreuen und das Fruchtmus am Rand verteilen.

KICHERERBSEN

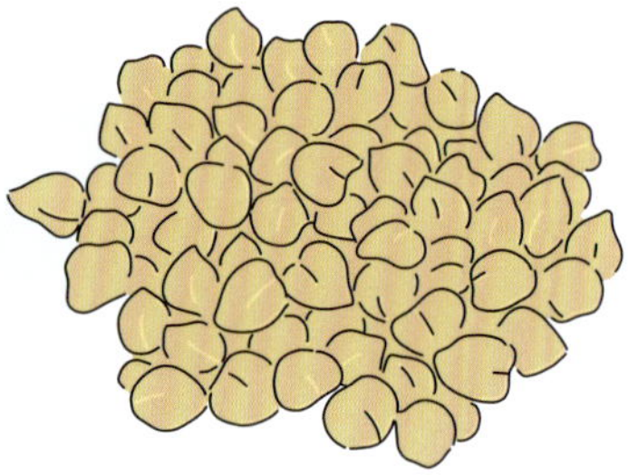

Die Kichererbse ist ein wahrer Alleskönner, schon allein der Name zaubert mir ein Lächeln ins Gesicht, obwohl er eigentlich gar nichts mit Kichern zu tun hat. Er ist vielmehr aus dem Lateinischen abgeleitet von „cicer“, was Erbse bedeutet. Daraus wurde dann im Deutschen Kicher und nun heißt sie Kichererbse, also eigentlich doppelt „Erbse-Erbse“. In vielen Ländern gehört sie zu den Grundnahrungsmitteln und das zu Recht, denn mit der gesunden Kichererbse auf dem Speiseplan sind wir wirklich gut versorgt. Auch wenn ihr Name vermuten lässt, dass sie nur eine kleine lustige Bohne ist, ist sie doch eine sehr ernstzunehmende Nährstoffbombe.

Sie liefert Vitamine wie A, B, C und E, ist eine wirklich bemerkenswerte Eiweißquelle durch die enthaltenen essenziellen Aminosäuren Lysin und Threonin, die der Körper zum Aufbau von Proteinen benötigt. Außerdem erwähnenswert sind die Mengen an Eisen, Zink und Magnesium, des Weiteren wichtig für die Gesundheit sind die enthaltenen Saponine, die mit einer blutfettsenkenden Wirkung in Verbindung gebracht werden und dadurch das Herz-Kreislauf-System schützen. Als wäre das nicht schon genug, fördert die Kichererbse durch ihren hohen Anteil an Ballaststoffen auch noch unsere gesunde Verdauung.

Oft wird sie sofort mit Hummus in Verbindung gebracht, was ja auch richtig ist, aber Kichererbsen sind nicht nur die Grundlage für dieses Rezept, sondern auch für unzählige andere. Ob herzhaft oder süß, Sie werden große Freude an dieser kleinen Hülsenfrucht haben.

Herkunft und Geschichte

Die Kichererbse ist eine sehr alte Kulturpflanze und schon seit über 8000 Jahren ein beliebtes Nahrungsmittel. Zuerst von den Menschen im Orient angebaut, fand sie bald auch ihren Weg über Europa nach Deutschland. Die Gattung der Kichererbsen gehört zur Familie der Hülsenfrüchtler. Weitere Namen wie Buscherbse, Venuskicher oder Felderbse sowie Ackerbohne sind nur wenig bekannt.

Kichererbsen sollte man immer im Haus haben, diese buttrig-nussig schmeckenden Hülsenfrüchte dienen immer als Inspiration in der Küche, ob für Currys, Eintöpfe, Suppen, Falafeln, Hummus, Mayonnaise, Eischaum für Baiser oder Mousse au Chocolat.

Die Erbsen können je nach Herkunft in der Größe etwas variieren. In den Supermärkten bekommen wir vorwiegend Ware aus dem Mittelmeerraum, die Früchte sind etwas größer als die aus Indien.

Einkauf und Lagerung

Wie sollte man Kichererbsen am besten kaufen? In getrockneter Form sind sie bei richtiger Lagerung jahrelang haltbar. Diese Lagerung sollte kühl, trocken, luftdicht und lichtgeschützt sein. Wenn sie Licht ausgesetzt werden, können sie an Farbe verlieren. Die getrocknete Variante hat also sehr viele Vorteile, wenn es um Vorrat, Lagerung und Haltbarkeit geht. Der einzige Nachteil ist, dass man die getrockneten Bohnen nicht gleich verarbeiten kann, sie müssen erst gewässert werden. Wer getrocknete Kichererbsen in der Küche verwenden will, muss also etwas im Voraus planen. Die vorgegarten Kichererbsen aus dem Glas oder der Dose haben den Vorteil, dass sie sofort weiterverarbeitet werden können. Sie sind allerdings ein schon leicht vorbearbeitetes Lebensmittel, das nach Ablauf des Mindesthaltbarkeitsdatums nicht mehr verwendet werden sollte. Preislich sind sie etwas teurer als die getrockneten.

Zubereitung

Im Rohzustand enthalten Kichererbsen genau wie andere Bohnen, zum Beispiel auch die Nierenbohnen, also Kidneybohnen, den sekundären giftigen Pflanzenstoff Phasin. Bei Kartoffeln zum Beispiel ist es das Solanin, deshalb sollten wir diese Pflanzen nie roh essen. Aber das ist kein Grund zur Panik, denn wir essen die Pflanzen ja nie roh. Diese sekundären Pflanzenstoffe wie das Solanin und das Phasin sind zwar giftig, werden aber bei Erhitzung weitgehend zerstört. Alle Lebensmittel, die Phasin enthalten, sollten ausschließlich gegart, gekocht oder gut gekeimt oder gebacken verzehrt werden.

Zudem enthalten Kichererbsen, wie auch andere Bohnen, den Ballaststoff Raffinose, einen Dreifachzucker; dieser kann bei empfindlichen Menschen zu Gasbildung im Darm führen. Daher rührt der Spruch „Jedes Böhnchen gibt ein Tönchen". Raffinose ist unverdaulich und wird von den Darmbakterien abgebaut.

Die getrockneten Kichererbsen sollten immer vor dem Kochen für etwa 10 bis 12 Stunden eingeweicht werden. Dieser zeitliche Aufwand lohnt sich, sie werden dadurch leichter verdaulich und verkürzen anschließend die Kochzeit enorm. Zudem ist die Zubereitung dann schonender und die enthaltenen Vitalstoffe werden nicht zerstört, außerdem ist dieser Prozess energiesparender und dadurch umweltschonender.

So sollten Kichererbsen eingeweicht werden:

Die Menge der Kichererbsen mit der doppelten Menge Wasser einweichen und mindestens 10 bis 12 Stunden quellen lassen.

Während dieser Zeit sollte das Wasser ein- bis zweimal erneuert werden. Die Schüssel sollte abgedeckt werden. Das Einweichwasser wird immer weggeschüttet, es enthält schon sehr viel Phasin. Die Kichererbsen werden in einem Sieb mit frischem Wasser gründlich abgespült. Nun können sie gekocht werden.

Beim Kochen sollte beachtet werden, dass die Menge der Kichererbsen immer mit der dreifachen Menge Wasser gegart wird. Einmal kurz aufkochen, bis sich Eiweißschaum bildet, dann bei mittlerer Temperatur etwa 20 bis 30 Minuten leicht köcheln lassen. Das Kochwasser, auch Aquafaba genannt, ist für unsere weitere Verarbeitung sehr wichtig und sollte nie weggeschüttet werden.

Ofen-Falafeln mit getrockneten Tomaten

Diese Kichererbsenbällchen sind lecker und gesund. Sie können als Meal Prep für mehrere Tage gleich in einer größeren Menge hergestellt werden und halten 5 bis 7 Tage. Als Dip eignen sich die Kichererbsen-Mayonnaise (siehe S. 84) oder die Buchweizen-Senfsauce (siehe S. 159) hervorragend.

Zubereitungszeit: ca. 25 Min. / Für 2 Personen

Zutaten:

250 g getrocknete Kichererbsen oder 500 g vorgegarte eingelegte Kichererbsen aus Glas/Dose; (Abtropfgewicht)
1 Zwiebel
2 frische Knoblauchzehen
Saft von ½ Zitrone
1 Bund Petersilie (oder 2, wer keinen Koriander mag)
1 Bund Koriander
2 EL Kichererbsenmehl
4 EL Buchweizenmehl
½ TL Kreuzkümmelpulver
½ TL geräuchertes Paprikapulver
etwas Chilipulver
etwas Galgant
1–1½ TL Backpulver
3 TL Sesampaste
3–4 getrocknete Tomaten
1 TL Steinsalz
etwas Pflanzenöl zum Bestreichen

Zubereitung:

1. Die getrockneten Kichererbsen mindestens 12 Stunden einweichen. Das Einweichwasser mindestens einmal wechseln und wegschütten. Dann die Kichererbsen abgießen und mit frischem Wasser abspülen. Nun die Kichererbsen in der dreifachen Menge Wasser 20 Minuten kochen. Dann die Kichererbsen abgießen und das Kochwasser aufheben und in einem extra Gefäß aufbewahren. Die Kichererbsen kurz abkühlen lassen.

2. Die Zwiebel und den Knoblauch schälen und halbieren. Mit dem Zitronensaft und den Kichererbsen in der Küchenmaschine oder mit dem Stabmixer pürieren.

3. Petersilie und Koriander waschen, trocken schütteln und hacken. Mit den restlichen Zutaten – bis auf das Öl – zu den Kichererbsen geben und zu einem Teig rühren.

4. Den Backofen auf 160 °C (Umluft) vorheizen. Zwei Backbleche mit Backpapier belegen und den Teig entweder mit einem Esslöffel oder einem Eiskugelportionierer auf den Blechen verteilen. Die halbkugelförmigen Falafeln mit etwas Öl bestreichen und im Ofen 20 bis 30 Minuten backen.

Kicherbsensalat mit Paprika und Gurke

Dieser Salat kann lauwarm gegessen werden, ist aber auch ideal für die Lunchbox. An Gemüse können Sie eigentlich alles dazugeben, was Ihnen schmeckt und was Sie vorrätig haben.

Zubereitungszeit: ca. 20 Min. / Für 2 Personen

Für den Salat:

½ Salatgurke
1 rote mittelscharfe Chilischote
1–2 Schalotten
1 frische Knoblauchzehe
2 Möhren (orange oder lila)
1 Bund Petersilie oder Koriander
½ gelbe Paprikaschote
½ rote Paprikaschote
1 EL Sesamöl
250 g gekochte Kichererbsen
5 g Sesamsamen für das Topping

Für das Dressing:

Steinsalz je nach Geschmack
2 EL Sesamöl
1 EL Tamari (glutenfreie Sojasauce)
1 EL Limettensaft
1TL Agavendicksaft
½ TL Currypulver
1 Msp. Kreuzkümmelpulver

Alles verwenden:
Die Gemüseabschnitte für den Fond (siehe S. 161) aufbewahren, die Paprikakerne für neue Pflanzen (siehe S. 119) aufbewahren.

Zubereitung:

1. Gurke waschen, nicht schälen, und in Scheiben schneiden. Chilischote ebenfalls waschen und in feine Ringe schneiden, dabei die Kerne entfernen. Die Schalotten schälen und in feine Ringe schneiden oder hobeln, Knoblauch schälen und klein hacken. Möhren waschen und, wer mag, schälen und in feine Würfel schneiden. Petersilie oder Koriander waschen, ein paar Blätter abzupfen, den Rest mit Stielen fein hacken. Paprika waschen, halbieren, Stiel und Kerngehäuse herausschneiden. Die Paprika in feine Streifen schneiden.

2. Die Schalotten und den Knoblauch in einer Pfanne mit dem Sesamöl leicht glasig andünsten, dann die Kichererbsen dazugeben und leicht anbraten.

3. Alle Zutaten für das Dressing verrühren. Das restliche Gemüse für den Salat in eine Schüssel geben und nun die Kichererbsen mit Schalotten und Knoblauch dazugeben. Alles vermischen, das Dressing darübergeben und untermischen. Den Salat mit Sesamsamen und Petersilie oder Koriander garnieren.

Kichererbsenkekse mit Kakao

Mit diesen eiweißreichen und ballaststoffreichen Keksen können Sie ohne Reue Süßes naschen, das auch noch gesund ist.

Zubereitungszeit: ca. 45 Min. / Für ca. 15 Stück

Zutaten:

350 g vorgekochte Kichererbsen
2 EL Kokosöl
50 ml Hafermilch oder andere Pflanzenmilch
100 g Erdnussmus (für Nussallergiker Erdmandelmus)
100 g Kokosblütenzucker
3 EL Buchweizenmehl
½ TL Backpulver
1 Msp. Vanillemark
Steinsalz
evtl. 1–2 TL Rohkakaopulver

Außerdem:

Kardamomkörner
vegane Schokolade (weiß oder braun)
Sesamsamen
Pistazien oder andere Gewürze und Nüsse

Alles verwenden:
Aus Aquafaba wird eine Mayonnaise hergestellt (siehe S. 84).

Zubereitung:

1. Den Backofen auf 160 bis 170 °C (Umluft) vorheizen. Die Kichererbsen in einem Sieb gut abspülen und auf einem sauberen Küchentuch vorsichtig abtupfen. Das Aquafaba (Kichererbsenwasser) aufheben.

2. Das Kokosöl leicht erhitzen und zum Schmelzen bringen, dann kurz abkühlen lassen. Nun die gekochten Kichererbsen, die Hafermilch, das Nussmus und das Koksöl in eine Küchenmaschine oder einen Mixer geben und alles zu einer glatten Masse verarbeiten. Dann den Kokosblütenzucker, das Buchweizenmehl, das Backpulver, Vanillemark, 1 Prise Steinsalz und den Rohkakao dazugeben und verrühren. Der Grundteig ist fertig!

3. Ein Backblech mit Backunterlage auslegen und den Teig mit einem Esslöffel in der gewünschten Keksgröße darauf verteilen. Die Kekse nach Wunsch mit Kardamom, Schokolade, Sesam oder Pistazien garnieren. Die Kekse 25 bis 30 Minuten backen und dann etwas abkühlen lassen.

Vegane Mayonnaise aus Aquafaba

Jetzt möchte ich Ihnen gerne zeigen, was Sie für Köstlichkeiten aus dem Kochwasser der Kichererbsen machen können, sowohl herzhaft als auch süß. Mit Sicherheit wird keiner von Ihnen dieses wertvolle Wasser noch einmal weggießen. Es enthält sehr viel hochwertiges Protein und lässt sich unkompliziert weiterverarbeiten. Hier kann das Kochwasser von selbst gekochten Kichererbsen oder auch das Einlegewasser aus einem Glas oder einer Dose von vorgekochten Kichererbsen verwendet werden.

Zubereitungszeit: ca. 5 Min. / Für 250 g

Zutaten:

150 ml Aquafaba (Kichererbsenkochwasser)
1 EL naturtrüber Apfelessig (unpasteurisiert)
2 EL mittelscharfer Senf
3 EL Sonnenblumenöl
1 TL Kala Namak (indisches Schwefelsalz)
evtl. ½ TL Flohsamenschalen

Zubereitung:

Alle Zutaten in einen kleinen Mixer geben und 1 bis 2 Minuten zu einer Mayonnaise rühren und kühl stellen. Sie ist etwa 4 bis 5 Tage haltbar.

Mousse au Chocolat aus Aquafaba

Mit nur zwei Zutaten und einer kleinen Prise Salz erhalten Sie eine köstliche Schokoladenmousse.

Zubereitungszeit: ca. 15 Min. plus 1 Std. Kühlzeit / Für 2 Personen

Zutaten:

100–120 g dunkle Schokolade (mit 70–80 % Kakaoanteil)
Steinsalz
250 ml Aquafaba

Zubereitung:

1. Die Schokolade grob hacken und in einem Wasserbad schmelzen. Dann abkühlen lassen. Das Aquafaba mit 1 kleinen Prise Steinsalz in einer Küchenmaschine oder dem Mixer kräftig für einige Minuten aufschlagen, bis die Konsistenz von Eischnee entstanden ist. Dann die abgekühlte, aber immer noch flüssige Schokolade langsam dazugeben und leicht unterrühren, bis alles vollständig vermischt ist.

2. Die Schokomousse in Serviergläser oder eine Schüssel geben und etwa 1 Stunde kühl stellen, danach pur oder mit Früchten servieren.

KOHLRABI

Der Kohlrabi ist eine Gemüsepflanze, die voller Vitamine ist. Von dieser grünen Kohlrübe sollte wirklich nichts unverwertet bleiben. Kohlrabi ist mittlerweile ein überwiegend regionales Gemüse, er wird in Deutschland, Österreich, den Niederlanden und der Schweiz angebaut, kommt aber eigentlich aus dem Mittelmeerraum. Er wird von März bis August ausgepflanzt und braucht etwa zwei Monate, um zu wachsen. Im Winter zwischen November und April kommt das Gemüse meist aus Italien und Spanien. Alles zusammengenommen gibt es über 30 weiße-zartgrüne und über 14 blau-violette Kohlrabisorten.

Die Oberrübe, wie Kohlrabi auch genannt wird, gehört zur Familie der Kreuzblütler, der essbare Teil des Kohlrabis wächst oberirdisch. Die Knolle ist von einer Art Wachsschicht überzogen und wächst in unterschiedlichen Formen. Von rund bis oval kann sie bis zu 20 cm Durchmesser erreichen. Auch wenn verschiedene Sorten äußerlich unterschiedlich aussehen, das Gemüsefleisch ist bei allen Sorten weiß.

An Inhaltsstoffen finden sich im Kohlrabi Senföle, Kalzium, Kalium, Magnesium, Kupfer und Selen. Kohlrabi hat viele Ballaststoffe, er fördert die Verdauung und beruhigt den Magen. Die Knolle ist reich an Vitaminen wie B1, B2 und B6, die besonders wichtig für unser Nervenkostüm sind, sowie Folsäure B9, verantwortlich für die Blutbildung und Zellteilung, und Niacin B3 für unseren Energiehaushalt und den Stoffwechsel. Außerdem sind in Kohlrabi Vitamin E und Vitamin A enthalten sowie mit einem besonders hohen Anteil Vitamin C, das dem Aufbau und dem Erhalt der Knochenstruktur dient. Und jetzt kommen wir zum Blattgrün. In den Blättern der Kohlrübe stecken nämlich im Verhältnis zum Gewicht der Knolle noch viel mehr Nährstoffe als in der hellgrünen Rübe. Der Anteil der Vitamine ist hier noch konzentrierter.

Kohlrabi ist also ein ideales Gemüse für jung und alt, hervorragend auch für stillende Mütter oder als Beikost oder Breimahlzeit für Kleinkinder geeignet. Kohlrabi ist wegen seines milden Geschmacks gerade bei Kindern sehr beliebt.

Einkauf und Lagerung

Ein Indikator für Frische sind knackige, saftige Blätter. Beim Einkauf beobachte ich immer wieder, dass Menschen das Blattgrün von der Knolle trennen und es gar nicht erst mit nach Hause nehmen. Das ist aus meiner Sicht und den schon genannten Gründen ein fataler Fehler. Denn ich habe mir angewöhnt, diese Blätter zu verwenden. Ich frage immer, ob ich die Blätter mitneh-

men darf, und meist bekomme ich sie auch noch geschenkt. Weil niemand etwas damit anzufangen weiß. Oft wird die Knolle aber auch schon ohne Blätter angeboten und das aus folgendem Grund. Die Blätter werden relativ schnell schlapp, denn sie bekommen ja nach der Ernte kein Wasser mehr, sie versorgen sich dann mit der Festigkeit aus der Knolle, die selbstverständlich begrenzt ist. Ich empfehle, Kohlrabi mit Blättern zu kaufen, auch wenn sie schon etwas schlaff sind. Nach dem Einkauf schneiden Sie die Blätter zu Hause bitte ab und stellen sie in ein Glas mit Wasser.

Sie werden bemerken, wie sich die Blätter schon nach 10 Minuten erholen. Daran sehen wir eigentlich auch, wie nachlässig wir im Allgemeinen unser Gemüse nach der Ernte behandeln. Die Blätter im Glas mit Wasser bleiben über 5 Tage frisch und knackig und können jederzeit zu Salat oder Spinat weiterverarbeitet werden. Falls Sie die Knolle im Kühlschrank aufbewahren, dann bitte immer im Gemüsefach und nie mit den Blättern. Kohlrabi hält sich so etwa 1 Woche, das Einwickeln in ein feuchtes Tuch verlängert die Haltbarkeit zusätzlich. Aufgrund der tollen, aber auch sensiblen Nährstoffe sollte Kohlrabi immer so frisch wie möglich gegessen werden.

Zubereitung

Meiner Meinung nach ist Kohlrabi viel zu schade zum Kochen – die unglaublich wertvollen, aber auch fragilen Inhaltsstoffe sollten so gut wie möglich erhalten bleiben. Deshalb sollte man den zarten Kohlrabi am besten als Rohkost oder nur kurz gegart oder gedämpft verzehren. Bitte den Kohlrabi immer zuerst waschen und dann ganz dünn schälen, denn die meisten Nährstoffe sitzen dort – wie so oft bei Gemüse und Obst – unter der Schale.

Die im Kohlrabi enthaltenen B-Vitamine und das Vitamin C sind wasserlöslich. Das heißt, dass ein Teil von ihnen beim Kochen verloren gehen kann. Gesünder ist Kohlrabi also, wenn er roh oder sehr schonend zubereitet und mitsamt der Blätter gegessen wird. Die Schalen sind übrigens auch ein sehr wichtiger und nährstoffreicher Bestandteil unseres Gemüsefonds (siehe S. 161).

Gefüllter Kohlrabi mit Kräutersauce und Rote-Bete-Kartoffel-Stampf

Dieses Gericht sieht nicht nur farbenfroh aus, es schmeckt auch unglaublich gut und ist zudem noch gesund!

Zubereitungszeit: ca. 45 Min. / Für 2 Personen

Zutaten:

350 g Kartoffeln
Salz
2 Kohlrabi
2–3 braune Kräuterseitlinge
Pflanzenöl
2 EL Rote-Bete-Pulver
80 ml Hafermilch

Für die Sauce:

2–3 gekochte Kartoffeln (ca. 150 g)
1 Bund Petersilie
1 frische Knoblauchzehe
2 EL Olivenöl
1 EL naturtrüber Apfelessig
Steinsalz
Pfeffer aus der Mühle

Alles verwenden:
Die Kohlrabi- und Kartoffelschalen werden für den Gemüsefond (siehe S. 161) weiterverwendet.

Zubereitung:

1. Die Kartoffeln mit einer Gemüsebürste putzen und nach Wunsch schälen. Die Kartoffeln in Salzwasser gar kochen.

2. Den oberen Teil vom Kohlrabi mit dem Blattansatz dünn wie einen Deckel abschneiden, dann die Knolle dünn schälen. Den Kohlrabi mit einem Kugel- oder Melonenausstecher aushöhlen, sodass die Kohlrabiwand noch ungefähr ½ cm dick ist. Das ausgehöhlte Fruchtfleisch beiseitelegen. Einen Topf mit Dämpfeinsatz und Deckel mit Wasser erhitzen. Die Kohlrabi einlegen und etwa 8 bis 10 Minuten dämpfen.

3. Die Kräuterseitlinge in dünne Scheiben schneiden und in etwas Pflanzenöl auf beiden Seiten braten, die Kohlrabikugeln dazugeben und mitbraten, erst kurz vor Ende der Garzeit salzen, sonst verlieren die Pilze zu viel Wasser.

4. Die Kartoffeln abgießen und etwa 150 g für die Kräutersauce abmessen. Die restlichen Kartoffeln im Topf mit dem Rote-Bete-Pulver und der Hafermilch mit einem Kartoffelstampfer zerdrücken.

5. Die Petersilie waschen und trocken schütteln. Die warmen Kartoffeln für die Kräutersauce in einen Mixer mit dem geschälten Knoblauch, der Petersilie, dem Olivenöl und Apfelessig geben, mit Salz und Pfeffer würzen und zu einer Sauce mixen. Je nach Wunsch noch Wasser dazugeben, bis die Sauce die gewünschte Konsistenz hat.

6. Zum Anrichten die Sauce auf dem Teller verteilen, die Kohlrabi mit dem Rote-Bete-Kartoffel-Stampf füllen, den Deckel schräg daraufsetzen, die Pilze und Kohlrabistücke daneben anrichten.

Kohlrabi-Spaghetti-Salat

Zubereitungszeit: ca. 15 Min. / Für 2 Personen

Zutaten:

4 schöne Kohlrabiblätter
½ TL Natron
1 Handvoll Austernpilze
(ca. 80 g; geputzt)
1 TL Rapsöl
Steinsalz
2 Kohlrabi
2 Schalotten
1 mittelscharfe rote Chilischote
½ Bund Koriander
4–5 EL Sesamöl
2 EL Tamari (glutenfreie Sojasauce)
Saft von ½ Zitrone
1 EL Sesamsamen

Zubereitung:

1. Die Kohlrabiblätter in kochendem Wasser mit dem Natron 1 Minute blanchieren und in einer Schüssel mit kaltem Wasser abschrecken.

2. Die Pilze in einer Pfanne im Rapsöl auf beiden Seiten braten und erst ganz zum Schluss salzen.

3. Die Kohlrabi dünn schälen ◉ und durch den Spiralschneider drehen. Die Schalotten schälen ◉ und in ganz feine Ringe schneiden. Die Chili waschen und die Kerne entfernen, einen Teil in ganz feine Ringe schneiden und den anderen Teil in etwas größere Ringe schneiden. Den Koriander waschen, trocken schütteln, einige Blätter abzupfen, den Rest fein hacken.

4. Für die Marinade Sesamöl, Tamarisauce und Zitronensaft vermischen, die feinen Chiliringe, den gehackten Koriander und die Schalotten dazugeben. Alles gut vermengen, dann die Kohlrabispaghetti unterheben und kurz durchziehen lassen. Die warmen Pilze dazugeben.

5. Die Kohlrabiblätter auf einem Teller verteilen, den Spaghettisalat mit den Pilzen darauf anrichten, mit dem restlichen Koriander, Chili und dem Sesam garnieren.

◉ Alles verwenden:
Die Gemüseschalen für den Gemüsefond (siehe S. 161) aufbewahren.

Tipp:
Auf die gleiche Weise können auch Zucchinispaghetti mit dem Spiralschneider hergestellt werden.

Kohlrabiblätter als Spinat

Die immer unterschätzten und verschmähten Kohlrabiblätter bekommen hier die Möglichkeit, ihren Geschmack und ihre Nährstoffe an uns weiterzugeben.

Zubereitungszeit: ca. 10 Min. / Für 2 Personen

Zutaten:

je nach Menge der Blätter am besten von 2–3 Kohlrabi
1–2 Zwiebeln
Pflanzenöl
Steinsalz
3 EL Mandelmus oder eine andere Nusspaste
Pfeffer aus der Mühle

Zubereitung:

1. Kohlrabiblätter waschen und in feine Streifen schneiden. Die Zwiebeln schälen und in feine Würfel schneiden, dann in einer Pfanne mit wenig Öl andünsten, bis sie glasig sind. Mit etwas Wasser, es sollte nur der Pfannenboden bedeckt sein, ablöschen. Wenn das Wasser köchelt, den Kohlrabispinat dazugeben, 2 bis 3 Minuten unter Rühren köcheln lassen und mit Salz würzen.

2. Das Mandelmus in einem Marmeladenglas mit der dreifachen Menge, also 9 EL lauwarmem Wasser, anrühren und mit verschlossenem Deckel gut schütteln. Zum Kohlrabispinat geben und unterrühren. Mit Salz und frischem Pfeffer abschmecken. Dazu passen die Linsen-Burger (siehe S. 147).

Marinierte Kohlrabiblätter

Das ist eine Vitamin-C-Bombe, die man sich nicht entgehen lassen sollte. Dieser kleine Salat kann zu allem gegessen werden.

Zubereitungszeit: 5–10 Min. / Für 2 Personen

Zutaten:

3–4 Kohlrabiblätter
3 EL Olivenöl
Saft von ½ Zitrone
1 TL Agavendicksaft
Steinsalz
Pfeffer aus der Mühle
½ TL Sesamsamen

Zubereitung:

1. Die Kohlrabiblätter waschen, abtropfen lassen, übereinanderlegen und zusammenrollen. Die Blätter in ganz feine Streifen schneiden.

2. Für das Dressing Olivenöl, Zitronensaft und Agavendicksaft verrühren und mit Salz und Pfeffer würzen. Die Kohlrabistreifen darin marinieren. Zum Anrichten mit Sesam bestreuen. Mit gebratenen Kürbisspalten (siehe S. 101) servieren.

KÜRBIS

Kürbis ist ein dickleibiges, tolles Gemüse in verschiedenen Formen und Farben. Kürbisse sind verwandt mit der Melone und der Gurke, botanisch werden sie allerdings zu den Beeren gezählt. Kürbisse gehören zu den ältesten Kulturpflanzen der Welt. Es gibt Funde, die darauf hinweisen, dass sie schon 10 000 v. Chr. angebaut wurden. Ihr Fruchtfleisch ist fest, hat aber die Voraussetzungen, um durch verschiedene Arten der Zubereitung butterzart zu werden. Wegen der nur noch wenig enthaltenen Bitterstoffe kann man den „Pumpkin", so heißt der Kürbis auf Englisch, sowohl für süße als auch herzhafte Speisen als Basis einsetzen.

Wer meint, Kürbis ist gleich Kürbis, liegt weit daneben. Es gibt über 800 verschiedene Sorten, davon sind aber „nur" etwa 200 zum Verzehr geeignet. Um bei all den verschiedenen Kürbissorten den Überblick zu behalten, machen wir es uns einfach und beschränken uns auf die beliebtesten und bekanntesten. Dazu zählen der Muskatkürbis, der Butternusskürbis, auch Butternut genannt, der Spaghettikürbis und der Hokkaidokürbis, der mein absoluter Liebling ist. Diese Kürbissorten wachsen und gedeihen mittlerweile auch in unseren heimischen Gefilden, früher allerdings kamen die fleischigen Früchte aus Süd- und Lateinamerika.

Inhaltsstoffe

Kürbisse bestehen zu rund 90 Prozent aus Wasser. Der Hokkaido ist meine Nummer eins, nicht nur wegen seiner unkomplizierten Verarbeitungsmöglichkeiten, sondern auch wegen der wunderbaren Inhaltsstoffe. Er enthält wie seine Artverwandten zahlreiche Mineralstoffe, wie zum Beispiel Eisen. Dieses Spurenelement benötigen wir als Bestandteil des roten Blutfarbstoffs Hämoglobin, es ist für den Sauerstofftransport im Blut zuständig. Außerdem Kalium, das unter anderem für die Erregbarkeit von Nervenzellen wichtig ist, aber auch an der Regulation des Wasser-Elektrolyt-Haushalts beteiligt ist, das den Flüssigkeitshaushalt des Körpers regelt und wichtig für die Funktionsfähigkeit der Nerven und Muskeln ist. Wie die Möhre enthält der Kürbis Betacarotin, einen sekundären Pflanzenstoff und eine Vorstufe des Vitamins A, das für das Wachstum und den Aufbau von Haut und Schleimhäuten mitverantwortlich ist und für unsere Sehkraft von Bedeutung ist. Das Fruchtfleisch des Kürbisses enthält zudem Kieselsäure, diese unterstützt den Aufbau von Haut, Nägeln, Haaren und Bindegewebe.

Geerntet werden die farbigen runden Mineralstoffbomben, wenn sie etwa 1,2 bis 1 ½ kg auf die Waage bringen, eine satte orangerote Färbung haben und ihre Stängel leicht holzig sind. Beim Klopfen sollte der Kürbis hohl klingen, dann ist er reif. Die Kürbisschale sollte unbeschädigt und frei von Druckstellen sein.
Das Wunderbare an dem Hokkaidokürbis wie auch am Butternut-, Muskat- und Spaghettikürbis ist, dass sie sich monatelang lagern und aufbewahren lassen; am besten in einem Netz luftig in einem kühlen Keller bei etwas über 10 Grad.

Zubereitung

Abgesehen von einem leicht nussigen und fruchtigen Geschmack, liebe ich den Hokaidokürbis auch wegen seiner unkomplizierten Verarbeitungsmöglichkeit.
Er muss nicht geschält werden und die Schale sollte sogar mitgegessen werden. Hierbei ist es völlig egal, ob er im Ofen gebacken, zu Suppe oder zu Püree verarbeitet oder gebraten wird. Die Schale verleiht den Gerichten sogar noch ein besseres und intensiveres Aroma. Es können auch die Schalen vom Butternut-, Muskat- und auch vom Spaghettikürbis mitgegessen werden, sie sind allerdings fester als die des Hokkaidos und brauchen deshalb länger in der Zubereitung.

Einkauf und Lagerung

Kürbisgewächse sind eigentlich sehr große Beeren, deshalb werden sie auch Panzerbeeren genannt, sie wirken zwar sehr robust, sind aber trotzdem stoßempfindlich, das sollte auch bei der Lagerung beachtet werden. Die Pflanzen enthalten viele Samen, die wir Kerne nennen, und wachsen rankend bis zu ½ Meter hoch. Ab August bis in den späten Winter hinein kann man Kürbisse im Supermarkt finden. Mittlerweile kann man sie aber auch immer öfter direkt ohne Zwischenhändler vom Bauernhof in der Nähe kaufen. Oder die Möglichkeit nutzen, von Feldern in Selbstbedienung seine Kürbisse einzukaufen. Ein Schild gibt Auskunft über den Preis, und das Geld wird dann in ein spezielles Kästchen gesteckt. Kontrollen gibt es keine, deshalb ist es hier wichtig, dass das Geld auch wirklich bezahlt wird. Es ist sonst für die Gemüsebauern eine wahnsinnige Respektlosigkeit für die monatelange schwere Arbeit – wie vieles in der Landwirtschaft ist gerade die Ernte immer noch Handarbeit. Selbstverständlich bekommt man das leckere regionale Gemüse für eine gesunde Ernährung auch auf dem Wochenmarkt.

Waschen statt schälen!

Vor dem Zubereiten die Schale gründlich reinigen. Das gilt ganz besonders, wenn das Gemüse im Supermarkt oder einem Lebensmittelgeschäft gekauft wurde. Den Kürbis in eine Schüssel mit Wasser legen und mit einer Gemüsebürste leicht, aber gründlich abbürsten. Dann spülen Sie ihn unter fließendem Wasser ab. Manchmal sind auf der Schale des Kürbisses kleinere Pocken oder Wucherungen, dabei handelt es sich meistens nur um kleine Schönheitsfehler, die müssen aber nicht entfernt werden. Generell ist Kürbis immer gut, um sich einen kleinen Vorrat anzulegen, denn er eignet sich hervorragend zum Einfrieren.

Kürbischutney mit Rosinen

Durch seine unterschiedlichen Geschmackskomponenten – süßlich, scharf, würzig, fruchtig – passt das Kürbischutney zu vielem: als Dip auf Bananen- oder Hirsebrot, zu Grünkohl- oder Süßkartoffelchips und als Gewürzpaste zum Verfeinern von Saucen.

Zubereitungszeit: ca. 15 Min. / Für 2 Personen

Zutaten:

900 g Hokkaidokürbis
1 große Zwiebel
3 frische Knoblauchzehen
½ mittelscharfe Chilischote
Rapsöl
1 TL Steinsalz
Pfeffer aus der Mühle (wer mag)
1 EL Rohrohrzucker
300 ml Bio-Orangensaft
70 ml naturtrüber Apfelessig (unpasteurisiert)
70 ml Himbeeressig
1 TL gemahlener Koriander
½ TL geräuchertes Paprikapulver
½ TL Zimtpulver
1 geriebener Apfel
50 g Rosinen
abgeriebene Schale von ½ Bio-Orange

Alles verwenden:
Die Kürbiskerne werden als Snack zum Knabbern weiterverarbeitet (siehe S. 102). Zwiebel- und Knoblauchschalen für den Gemüsefond (siehe S. 161) aufbewahren.

Zubereitung:

1. Den Hokkaidokürbis zuerst gründlich waschen, dann den Stiel abtrennen und den Kürbis halbieren. Die Kerne und das faserige Fruchtfleisch mit einem Esslöffel entfernen und zum Weiterverarbeiten in einer Schüssel aufbewahren. Das Fruchtfleisch in gleichmäßige Würfel schneiden. Zwiebel und Knoblauch schälen. Die Zwiebel grob würfeln, den Knoblauch und die Chilischote fein hacken.

2. Zwiebel in einem großen Topf mit etwas Rapsöl bei mittlerer Hitze andünsten, dann Knoblauch und Chili zugeben, kurz weiterdünsten. Nun die Kürbiswürfel, Salz, Pfeffer und Rohrzucker dazugeben. Alles im eigenen Saft etwa 4 bis 5 Minuten unter Rühren dünsten. Mit dem Orangensaft und den beiden Essigsorten ablöschen. Mit Koriander, Paprika und Zimt würzen. Nach etwa 10 Minuten den geriebenen Apfel, die Rosinen und die Orangenschale dazugeben. Alles etwa 20 Minuten leicht köcheln lassen.

3. Dann die Masse mit einem Kartoffelstampfer etwas zerdrücken, sie sollte noch Stücke enthalten. Das heiße Kürbischutney in sehr saubere Gläser abfüllen, dann ist es für mindestens 6 Monate haltbar.

Chutney
passt
zu
allem

Kürbis-Brownies mit Datteln

Diese Brownies sind glutenfrei und ohne Zucker. Und trotzdem einfach köstlich und saftig. Datteln sorgen für die Süße.

Zubereitungszeit: ca. 50 Min. / Für 12 Stücke

Zutaten:

600–800 g Hokkaidokürbis
Steinsalz
150 g Datteln (ohne Stein)
150–170 g Buchweizenmehl
130–140 g gemahlene Mandeln
40 g Rohkakaopulver
3 EL gehackte Nüsse nach Wahl

Alles verwenden:
Die Kürbiskerne werden als Snack zum Knabbern weiterverarbeitet (siehe S. 102).

Zubereitung:

1. Den Kürbis waschen, den Stiel abtrennen und den Kürbis halbieren. Die Kerne und das faserige Fruchtfleisch mit einem Esslöffel entfernen und zum Weiterverarbeiten in einer Schüssel aufbewahren. Das Fruchtfleisch in kleine Würfel schneiden. Mit wenig Wasser, der Kürbis sollte gerade bedeckt sein, und 1 kleinen Prise Salz weich kochen. Mit einem Kartoffelstampfer im restlichen Kochwasser (sollte aber nur noch ganz wenig sein) zerdrücken und abkühlen lassen.

2. In der Zwischenzeit die Datteln in einer Küchenmaschine zu einem Brei mixen. Das Buchweizenmehl, die Mandeln, den Rohkakao, etwas Steinsalz und den Dattelbrei in eine Schüssel geben und etwas verrühren. Den etwas abgekühlten Kürbisstampf dazugeben und alles gut verkneten. Falls nötig, noch etwas Buchweizenmehl dazugeben.

3. Den Backofen auf 170 °C (Umluft) vorheizen. Den Kürbisteig auf einem Backblech gleichmäßig zu einem Rechteck oder Quadrat verteilen. Etwa 20 bis 25 Minuten im Ofen backen. Etwas abkühlen lassen und den Kuchen in Stücke schneiden. Die Brownies halten etwa 5 bis 6 Tage, wenn sie nicht vorher aufgegessen werden.

Kürbisspalten aus dem Ofen

Einfacher kann man Kürbis kaum zubereiten. Im Ofen wird er zart und bleibt trotzdem bissfest, sein Geschmack ist köstlich aromatisch. Als unkompliziertes Abendessen, als leckere Beilage oder für die Lunchbox: Ob warm oder kalt gegessen, die Kürbisspalten schmecken immer.

Zubereitungszeit: ca. 45 Min. (ohne Ziehzeit) / Für 4 Personen

Zutaten:

1 Hokkaidokürbis (ca. 1 kg)
2–3 rote Zwiebeln
2 frische Knoblauchzehen
3–4 EL Olivenöl
1 TL geräuchertes Paprikapulver
½ TL Zimtpulver
Steinsalz
1 TL geriebener Ingwer
2 Zweige Rosmarin (gewaschen)

Alles verwenden:
Die Kürbiskerne werden als Snack zum Knabbern weiterverarbeitet (siehe S. 102).

Zubereitung:

1. Den Kürbis waschen, den Stiel abtrennen und den Kürbis längs halbieren. Kerne und Fasern entfernen. Den Kürbis in 2 cm breite Spalten schneiden.

2. Zwiebeln und Knoblauch schälen. Die Zwiebeln vierteln, den Knoblauch in feine Scheiben schneiden. Das Olivenöl mit den Gewürzen und dem Ingwer verrühren. Kürbis, Zwiebeln und Knoblauch in eine Auflaufform geben, die Marinade dazugeben und alles gut vermischen. Die Rosmarinzweige dazugeben. Die Marinade kann ein paar Stunden oder über Nacht durchziehen. Den Kürbis etwa 30 bis 35 Minuten im vorgeheizten Ofen bei 180 bis 200 °C garen.

3. Die Spalten sind gekühlt im Kühlschrank aufbewahrt für mehrere Tage haltbar.

Knusprige Kürbiskerne zum Knabbern oder als Topping

Die Kerne des Hokkaidokürbisses stecken voller Nährstoffe und bieten zudem noch Ballaststoffe, die für unseren Darm ein besonderer Mehrwert sind, deshalb sind sie viel zu wertvoll zum Wegwerfen. In den Kernen stecken die Nährstoffe, die auch im Kürbisfleisch enthalten sind, einige davon sogar in größerer Konzentration. Kürbiskerne sind ein Spitzenlieferant für Magnesium, Selen und Zink.

Zubereitungszeit: ca. 30 Min. (ohne Zieh- und Trockenzeit)
Es lohnt sich immer, ein große Menge davon zu machen, sie werden auf jeden Fall weggeknabbert.

Zutaten:

Kürbiskerne
Steinsalz
edelsüßes Paprikapulver
Currypulver
1 TL Olivenöl oder Chiliöl oder Knoblauchöl

Tipp:

Anstatt des Öls kann auch Agavendicksaft oder Ahornsirup verwendet werden, diese Kombination schmeckt besonders gut mit milden Chiliflocken. Aber auch Senf passt gut dazu. Beim Würzen sind der Fantasie und dem Geschmack keine Grenzen gesetzt.

Zubereitung:

1. Zuerst die Kerne grob vom faserigen Fruchtfleisch ablösen. Dann die Kerne mit den verbliebenen Fruchtfleischfäden in lauwarmem Wasser mit Salz einlegen und einige Zeit ziehen lassen, am besten über Nacht. Um die Fruchtfleischfäden von den Kernen zu lösen, in einem Sieb unter fließendem Wasser abspülen.
2. Die Kerne mit frischem lauwarmen Salzwasser (dreifache Menge) in eine Küchenmaschine mit Teigaufsatz geben und auf niedrigster Stufe 5 Minuten rühren (dabei nicht zerkleinern). Dadurch werden die verbliebenen Fruchtfleischfäden nach und nach abgelöst. Der Vorgang kann zwei- bis viermal wiederholt werden. Der Reinigungsvorgang kann aber auch mit der Hand gemacht werden. Dann die Kerne waschen und eventuell noch mit der Hand nacharbeiten, bis die Kerne wirklich sauber sind. Die Kerne nun auf einem Baumwolltuch zum Trocknen auslegen. Die getrockneten Kerne können auf unterschiedliche Weise zubereitet werden.
3. Nachdem die Kerne getrocknet sind, mit den Gewürzen – nur mit Salz oder einer Mischung aus Salz, Paprika und Curry – bestreuen und wenig Öl (wirklich ganz wenig Öl) vermischen.
4. Dann die Kürbiskerne auf einem mit Backpapier ausgelegten Backblech verteilen, sie sollten nicht an- oder aufeinanderliegen und 10 bis 15 Minuten bei 180 °C (Umluft) im vorgeheizten Ofen rösten. Fertig!

MAIS

Wer kennt sie nicht die großen und beeindruckenden Maisfelder? Maispflanzen sind kräftig und wachsen bis zu 3 Meter hoch. Das Besondere daran ist, Mais wächst sowohl in der Hitze Afrikas als auch unter kühleren Wetterbedingungen in Europa. Jede Pflanze entsteht aus einem einzigen kleinen Korn und trägt etwa zwei Kolben, jeder Kolben enthält wiederum ungefähr 400 Körner. Diese Süßgraspflanze ist einhäusig, das bedeutet, sie trägt sowohl männliche als auch weibliche Blüten. Historikern ist es bislang noch nicht gelungen, die ursprüngliche Heimat des Maises festzumachen. Vermutlich stammen die gelben Körner aus Mittelamerika. Bei Ausgrabungen in Mexiko wurden immerhin 7500 Jahre alte Maiskörner gefunden. Somit ist klar, dass diese Pflanze schon seit Jahrtausenden kultiviert wird. Corn, wie man Mais im Englischen nennt, diente ursprünglich allerdings als Futterpflanze. Erst um 1800 begann man in ganz Deutschland wegen der vorhergehenden Pflanzenseuche, die zu großen Ausfällen in der Kartoffelernte geführt hatte, Maissorten zu züchten. Es entstand der Zuckermais, der als Zutat für Pudding, Kuchen, Brei, Suppen oder auch als Kaffee-Ersatz Verwendung fand. Auch heute kommt Mais fast überall zum Einsatz: als Cornflakes, Popcorn, Tortillas oder zum Beispiel als Bindemittel in Fertigsaucen und Suppen, in Desserts, Speiseeis und Joghurts, er wird dann als Maltose, Fruktose und Glukosesirup deklariert. Aber auch als Treibstoff für Autos oder zur Energiegewinnung in Biogasanlagen wird Mais mittlerweile verarbeitet. Heute ist Mais die drittwichtigste Getreidepflanze der Welt nach Reis und Weizen. Das Tolle im Vergleich zu den anderen Getreidesorten ist, dass Mais das Klebereiweiß Gluten nicht enthält, weshalb er sehr empfehlenswert für Menschen mit einer Glutenunverträglichkeit und Zöliakie ist. Deshalb benutze ich für alle meine Panaden immer Maismehl, weil es eben glutenfrei ist.

Mais ist eine Wunderpflanze, ein Tausendsassa, und hat viele positive Wirkungen auf unseren Körper. Nahrhaft und megagesund sind die Inhaltsstoffe der gesamten Frucht von Kolben bis Maisbart. Mais ist aber auch ein Energiespender, stärkt und vitalisiert, macht uns resistenter gegen Stress, gibt uns Energie und sorgt für eine gute Hirnaktivität.

Was steckt nun drin im Mais? Mais hat im Vergleich mehr Kalorien als andere Gemüse, liefert uns aber auch jede Menge wichtige Nährstoffe. Die Vitamine der B-Gruppe sind stark vertreten, Vitamin B1 (Thiamin) ist wichtig für das Nervensystem, Vitamin B2 (Riboflavin) ist an Stoffwechselvorgängen beteiligt, aber auch für die Eiweiße in der Augenlinse und damit für gutes Sehvermögen wichtig; zudem unterstützt es die Wirkung von B6. Vitamin B3 (Niacin) ist ein wichtiger Baustein zweier Coenzyme im Körper, die helfen, Energie für den Stoffwechsel zu gewinnen. Vitamin B5 (Pantothensäure) baut Proteine und Fett ab und wandelt Nahrung in Energie um. Vitamin B6 (Pyridoxin) hat eine Wirkung auf Wachstum und Entwicklung unseres Körpers durch die Beteiligung an Aufbau und Umbau von Eiweißen. Vitamin B9 (Folsäure) schließlich ist wichtig für die Entwicklung von Blut und Zellen. Vitamin A ist besonders wichtig für die Sehkraft, Vitamin C für das Immunsystem und das Vitamin E unterstützt den Fettstoffwechsel. In den Maiskolben sind natürlich auch noch Mineralstoffe wie Phosphor, Zink, Kalium, Natrium, Kalzium und Eisen enthalten. Der Maiskolben ist also ein von der Natur perfekt zusammengestelltes Nahrungspaket.

Wichtig ist hier auch noch zu erwähnen, dass das, was wir von dem Mais zu uns nehmen, meist nur die Körner des Kolbens sind, was schon mal gut ist. Allerdings werfen wir für uns wichtige Teile dieses Gemüses weg. Hier liegt ein großes Missverständnis vor, das ich gerne aus dem Weg räumen würde. Es geht mir hier im Speziellen um die Maishaare, auch Maisgriffel oder Maisbart genannt. Aus den haarähnlichen Griffeln, die aus den weiblichen Maisblüten herauswachsen, wird ein Tee gewonnen, dem viel Gutes nachgesagt wird. Diese Fusseln oder Haare haben es in sich! Sie haben eine diuretische, also entwässernde und antiseptische Wirkung. Ein Tee daraus ist ein sehr bekömmliches alternatives Heilmittel. Dank der entzündungshemmenden und blutzuckersenkenden Wirkung der Inhaltsstoffe dieser Haare können wir durch diesen Tee Kopfschmerzen, Gelenkschmerzen wie Gicht oder Rheuma und Erkältungssymptome lindern. Er hat die Möglichkeit, Flüssigkeit aus dem Gewebe über die Harnwege auszuleiten. Was besonders bei Entzündungen der Blase, Harnwege und Prostata von Vorteil ist. Zudem gleicht er den Elektrolyt- und Säure-Basen-Haushalt in unserem Körper aus. In diesem Tee sind schleimlösende Saponine enthalten sowie Gerb- und Bitterstoffe, die die Verdauung anregen und allgemein stärkend, anregend und aufheiternd wirken, dabei aber gleichzeitig entspannen und beruhigen. Sie beseitigen wirksam Blähungen und Verstopfung, ohne schädliches Abführen. Die enthaltene Salicylsäure wirkt bekanntermaßen schmerzlindernd. Menschen mit einer Salicylsäureunverträglichkeit sollten den Tee nicht trinken ebenso wie Schwangere und Asthmatiker.

Einkauf und Lagerung

Mais können Sie in verschiedenen Formen kaufen. Vorgekocht und eingeschweißt, in Dosen oder eingefroren. Wie hoch der Nährstoff- und Vitaminverlust ist, hängt von der Dauer der Pasteurisierung ab. In Konserven ist Mais natürlich am längsten haltbar, aber auch Dosen oder Gläser sollten kühl und dunkel aufbewahrt werden. In der Saison, die von Ende Juli bis Anfang Oktober reicht, sollte der Mais aber am besten ganz frisch gekauft werden, das heißt so frisch wie möglich auf dem Wochenmarkt oder im Bio-Supermarkt. Bitte kaufen Sie Maiskolben, wenn Sie können, wenn sie noch nicht schon vorgeputzt und in Styroporschale mit Klarsichtfolie verpackt sind! Sondern immer in ihrer natürlichen Hülle von den blassgrünen Blättern umgeben, denn dann besitzen sie auch ihre Maishaare noch. Sie sollten frisch und zeitnah verzehrt werden, auch roh oder nur kurz gekocht ist in den Früchten der Nährstoffgehalt natürlich am höchsten. Bei zu langer Lagerung wandelt sich der Zucker in Stärke um und die milden zartsüßen Kolben schmecken dann etwas mehlig. Im Kühlschrank halten sich frische Maiskolben 2 bis 3 Tage. Wenn Sie Mais länger haltbar machen möchten, können Sie die Körner einfach mit einem Messer vom Kolben herunterschneiden. Die einzelnen Körner können dann blanchiert werden und in einem Gefrierbeutel ins Gefrierfach gelegt werden. So halten sie sich etwa 9 Monate.

Mais-Paprika-Suppe

Das ist eine perfekte Suppe zum Abnehmen und Entwässern, die außerdem noch viele Ballaststoffe liefert.

Zubereitungszeit: ca. 20 Min. / Für 2 Personen

Zutaten:

1 kleine Zwiebel
1 frische Knoblauchzehe
1 gelbe Paprikaschote
2 frische Maiskolben oder 1 Glas Maiskörner (ca. 300 g)
1 EL Rapsöl
250–300 ml Gemüsefond oder -brühe (siehe S. 161)
2–3 vorgekochte Kartoffeln für die Sämigkeit (siehe S. 157)
etwas Steinsalz
Pfeffer aus der Mühle
Kürbiskernöl und Kürbiskerne zum Garnieren

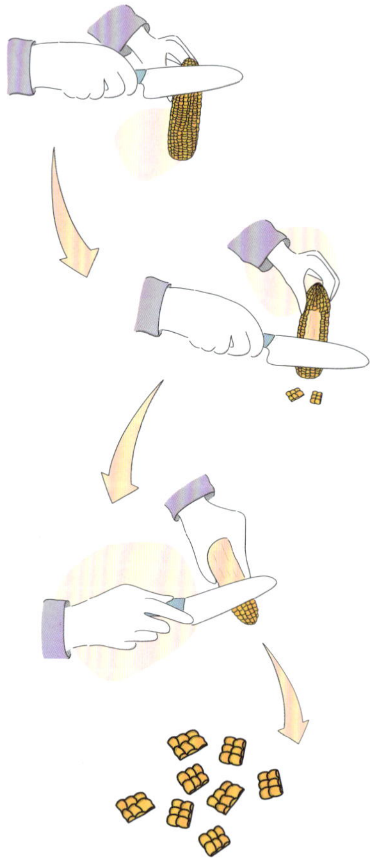

Zubereitung:

1. Zwiebel und Knoblauch schälen ◉ und in kleine Würfel schneiden. Die Paprikaschote putzen, waschen und in kleine Stücke schneiden, das Kerngehäuse ◉ aufbewahren, den Stiel entfernen.

2. Die Blätter vom Maiskolben entfernen ◉, die Maishaare ◉ ebenfalls aufbewahren. Die Maiskörner mit einem Messer vom Kolben herunterschneiden. Den Kolben ◉ ohne Körner aufbewahren. Alternativ Mais aus dem Glas nehmen und in ein Sieb abgießen.

3. Zwiebel und Knoblauch im Öl andünsten, die Maiskörner und Paprika zugeben, 2 Minuten mitdünsten und mit Gemüsefond ablöschen. Alles 5 Minuten köcheln lassen, die vorgekochten Kartoffeln dazugeben und mit Salz und Pfeffer würzen. Nun alles in einen Standmixer umfüllen oder mit dem Stabmixer im Topf pürieren.

4. Zum Garnieren etwas Kürbiskernöl und -kerne on top geben. Diese Suppe ist eine sättigende Mahlzeit.

Alles verwenden:
Gemüseschalen, Maiskolben und -blätter für den Gemüsefond (siehe S. 161) aufbewahren, aus Maishaaren wird ein Tee zubereitet und Paprikakerne werden für die Anzucht von Pflanzen (siehe S. 119) verwendet.

Chili sin Carne mit Nusshack und Mais

Bei diesem Chili ist einiges anders als sonst, es ist rein pflanzlich mit sensationellen Inhaltsstoffen.

Zubereitungszeit: ca. 30 Min. / Für 2 Personen

Zutaten:

250 g Kidneybohnen
2–3 Schalotten
3 frische Knoblauchzehen
2 Möhren
1 EL Rapsöl
50 g Tomatenmark
450–500 ml Gemüsefond oder -brühe
1 mittelscharfe Chilischote
1 TL geräuchertes Paprikapulver
1 TL Harissapulver
90 g getrocknete Tomaten (siehe S. 156)
80 g Walnusskerne
2 frische Maiskolben oder 1 Glas Maiskörner (ca. 300 g)
etwas Steinsalz
Petersilie zum Garnieren

Zubereitung:

1. Kidneybohnen in ein Sieb geben, gründlich abbrausen und mit der dreifachen Menge Wasser (750 ml) mindestens 8 Stunden zugedeckt einweichen. An besonders warmen Tagen können die Bohnen auch im Kühlschrank einweichen, um eine eventuelle Gärung zu verhindern. Durch den Einweichvorgang wird nicht nur die Kochzeit verkürzt, sondern es werden dadurchauch Stoffe, die nicht gut verdaulich sind, ausgeschwemmt.

2. Schalotten, Knoblauch und Möhren schälen ◉ und in kleine Würfel schneiden. Im Öl in einem Topf andünsten. Die eingeweichten Kidneybohnen gut abspülen, das Einweichwasser muss weggeschüttet werden wegen der ausgeschwemmten Stoffe, die darin enthalten sind.

3. Die Kidneybohnen zu den Zwiebeln und dem Knoblauch geben. Das Tomatenmark dazugeben und alles unter Rühren etwa 2 Minuten dünsten, mit dem Gemüsefond ablöschen und 15 Minuten bei mittlerer Hitze köcheln lassen. Die Chilischote waschen, entkernen und fein hacken und mit Paprika- und Harissapulver hinzufügen.

4. Die Tomaten und die Walnusskerne in einem Multizerkleinerer oder mit dem Stabmixer zerkleinern, aber nur bis beide Zutaten die Größe von Sonnenblumenkernen haben. Die Mischung sollte keine Paste werden, sondern noch bissfest sein.

5. Die frischen Maiskolben putzen und Blätter und Haare entfernen ◉ und die Körner mit einem Messer von den Kolben ◉ herunterschneiden. Oder die Maiskörner in ein Sieb abgießen und abbrausen.

6. Den Tomaten-Walnuss-Mix mit den Maiskörnern zum Chili geben, den Topf vom Herd nehmen und alles einige Minuten ziehen lassen. Mit wenig Salz abschmecken (die getrockneten Tomaten sind salzig, deshalb nur wenig nachsalzen). Den Eintopf mit Petersilie garnieren.Dieses leckere Chili schmeckt warm und kalt und ist perfekt geeignet fürs Meal Prep.

Alles verwenden:
Gemüseschalen, Maiskolben und -blätter für den Gemüsefond (siehe S. 161) aufbewahren, aus Maishaaren wird ein Tee zubereitet.

Maissalat mit Sellerie und Paprika, dazu Birnendressing

Zubereitungszeit: ca. 15 Min. / Für 2 Personen

Für den Salat:

3 Stangen Staudensellerie mit Blättern
½ rote Paprikaschote
5–6 Zuckerschoten
1 Maiskolben oder ½ Glas Maiskörner (ca. 150 g)
1 Birne

Für das Dressing:

½ Birne (vom Salat)
1 kleine vorgekochte Kartoffel (siehe S. 157)
3 EL naturtüber Apfelessig
2 EL Olivenöl
Steinsalz

Alles verwenden:
Maiskolben und -blätter für den Gemüsefond (siehe S. 161) aufbewahren, aus Maishaaren wird ein Tee zubereitet (siehe S. 111), mit Paprikakernen neue Pflanzen ziehen (siehe S. 119).

Zubereitung:

1. Sellerie, Paprika und Zuckerschoten putzen, waschen und feine Streifen schneiden.
2. Maiskolben von Blättern und Haaren befreien, die Körner mit einem Messer vom Kolben herunterschneiden.
3. Die Birne waschen und vierteln, das Kerngehäuse herausschneiden, die ½ Birne in Streifen schneiden.
4. Für das Dressing die andere ½ Birne, die vorgekochte Kartoffel, den Apfelessig und das Olivenöl mit 1 Prise Steinsalz in einem Mixer oder mit dem Stabmixer zu einem cremigen Dressing rühren. Nach Belieben etwas Wasser (2–3 TL) dazugeben.
5. Sellerie, Paprika, Zuckerschoten, Maiskörner und Birne mischen und das Dressing darüberträufeln.

Maisbarttee

Die Maishaare können frisch verarbeitet oder auch getrocknet werden. Zum Trocknen die Haare aufgelockert und nicht im Knäuel auf einem Baumwolltuch oder einem Gitternetz ausbreiten. Die gut getrockneten Maishaare können dann in einem Glas aufbewahrt werden.

Zubereitungszeit: ca. 10 Min. / Für 1 Person

Zutaten:

Maishaare von ½ Kolben
(ca. 2 TL)

Zubereitung:

1. Übergießen Sie die Maishaare mit 200 ml kochendem Wasser und lassen Sie das Ganze 7 Minuten lang ziehen.
2. Seihen Sie das Kraut ab, lassen Sie den Tee abkühlen und trinken ihn schluckweise.

Er ist erfrischend und schmeckt übrigens sehr lecker, Maishaare haben einen leicht süßlichen Geschmack, 2 Tassen am Tag für eine Kur sind ausreichend.

Eine Kur ist über einen maximalen Zeitraum von 4 Wochen empfehlenswert. Die Urinausscheidung wird gefördert, das Nervensystem wird gestärkt, der Blutzucker wird gesenkt und die Fettverdauung wird angeregt.
Für Schwangere, Asthmatiker und Menschen mit Salicylsäureunverträglichkeit ist der Tee nicht zu empfehlen.

PAPRIKA

Die Paprikafamilie ist eine große kunterbunte Patchworkfamilie mit vielen Brüdern, Schwestern, Cousinen, Onkeln und Tanten. Paprika, Chili und Peperoni gehören zu der Gattung der Nachtschattengewächse und kommen sowohl als Gemüse als auch als Gewürz zum Einsatz. Die Schoten gibt es in Grün, Gelb, Rot, Orange, aber auch in Braun, geschmacklich reichen sie von mild, süß, bitter über leicht bis feuerscharf.

Sie unterscheiden sich in Formen und Farben, aber auch in verschiedenen Schärfegraden. Die Differenzierung ist meistens verwirrend, aber verallgemeinernd kann man sagen, Paprika sind mild und Chili und Co. sind scharf. Während Chili und Peperoni verschiedene Sorten der Paprikafamilie sind, ist Peperoncino das italienische Wort für Chilischote. Die großen Paprikaschoten sind mild im Geschmack und werden in der Küche meist roh oder gedünstet als Gemüse verwendet. Zum Würzen werden die scharfen länglichen Chilischoten oder Peperoni verwendet. Die kleineren und schärferen Chilischoten werden gemahlen zu Chilipulver oder Cayennepfeffer. Die spitzpaprikaähnlichen Peperoni sind milder, aus ihnen wird häufig Paprikapulver – von edelsüß bis rosenscharf. Die Schärfe bei allen Sorten wird durch das Capsaicin verursacht, das vor allem im Inneren der Früchte steckt. Zu den schärfsten Paprikasorten zählen Jalapeños und Habaneros.

Bei der Gemüsepaprika gibt es verschiedene Formen und Farben, die über den Geschmack Auskunft geben. Um einen Eindruck zu bekommen, dass Paprika nicht gleich Paprika ist, hier eine kleine Auswahl der Vielfältigkeit. Es gibt Blockpaprika, die meist dunkelbraun sind, Hornpaprika sind die längsten, sie werden bis zu 30 cm lang, die Spitzpaprika im Vergleich zur Gemüsepaprika schmeckt pfefferig-pikant, dennoch angenehm süßlich, die Bratpaprika, eher weniger bekannt, ist sehr mild und hat sehr dünne Wände. Tomatenpaprika ist so groß wie ein Tennisball und tomatenförmig. Der Ursprung dieser Schoten liegt in Südamerika, durch Tiere, insbesondere Vögel, wurden die Samen dieser Pflanzen allmählich bis nach Mittelamerika verbreitet. Funde belegen, dass sie bereits um 7000 v. Chr. dort als Nutzpflanze angebaut wurde. Heute wird die Paprika weltweit angebaut und ist ganzjährig bei uns erhältlich.

Die klassische Gemüsepaprika ist in unseren Küchen am häufigsten vertreten, sie ist eine Vitamin-C-Bombe. Das Vitamin C ist nicht nur gut für die Kräftigung unseres Immunsystems, sondern regt auch die körpereigene Produktion von Kollagen an, was zur Festigung unseres Bindegewebes beiträgt. Aber auch andere Inhaltsstoffe sind durchaus erwähnenswert. Bei der Konzentration der Nährwerte ist ganz klar auch der Reifegrad ausschlaggebend, erst im Laufe des Reifeprozesses reichern sich die Carotine an. Eine rote Schote ist demnach reifer und die Bündelung der Nährwerte ist dichter. Neben dem genannten Vitamin C sind auch Vitamin A, B1 und E enthalten. Zudem enthalten diese Früchte jede Menge Flavonoide, sie besitzen antioxidative Wirkung und haben somit eine große Auswirkung auf unsere Gesundheit. Sie agieren im Körper als Radikalfänger und reduzieren das Risiko für bestimmte Krankheiten. So sinkt bei einer erhöhten regelmäßigen Aufnahme von Flavonoiden durch die Nahrung die Gefahr von Herz-Kreislauf-Erkrankungen. Des Weiteren sind Kalium, Magnesium, Zink und Kalzium enthalten.

Das für die Schärfe verantwortliche Capsaicin sorgt für die Entstehung einer gesteigerten Wärmeproduktion in unserem Körper und wird auch bei der Schmerztherapie in Form von Wärmepflastern verwendet, weil die Durchblutung dadurch angeregt wird. Wer eine Chili verwendet und die Kerne heraustrennt, kann diese sammeln und ein Chiliöl damit ansetzen. Die Kerne einer scharfen Chili reichen vollkommen aus, um ein Öl zu würzen, es muss nicht die ganze Schote sein.

Neben einigen positiven Auswirkungen wie der Förderung der Durchblutung oder einer antibakteriellen Wirkung stehen die schärferen Sorten der Paprika aber auch im Verdacht, Auslöser von Magenschmerzen, Durchfall, Blasenirritationen zu sein. Unter anderem wird der Paprika auch eine verdauungsfördernde Wirkung zugesprochen, allerdings vertragen sie nicht alle Menschen, bei einigen kommt es zu Reizungen im Magen-Darm-Trakt. Diese Verdauungsbeschwerden nach dem Verzehr kann man eventuell darauf zurückführen, dass die Paprikaschale ballaststoffreich und schwer verdaulich ist. Sehr empfindliche Personen sollten die Paprika deshalb mit einem Sparschäler schälen. Das Schälen birgt allerdings auch Nachteile, da sich viele bioaktive Stoffe in und direkt unter der dünnen Schale befinden, deshalb ist es nicht meine erste Wahl. Sie können die Paprika auch sehr, sehr fein hobeln. Wer die Paprika roh essen möchte, was

auch klug ist, weil so natürlich die meisten Vitamine enthalten bleiben, sollte sie ganz fein hobeln, so fein wie ein Weißkraut für einen Salat. Denn meistens schneiden wir die Paprika für den rohen Verzehr nicht fein genug, dazu kommt, dass wir oft nicht genügend kauen, deshalb bleiben die Stücke mit der Schale beim Herunterschlucken zu groß und verursachen eine schwere Verdauung. Umso feiner wir Paprika schneiden und umso besser wir kauen, desto leichter können wir sie auch roh verdauen. Für alle, die nicht auf diese tolle Schote verzichten wollen, wird die Paprika geschält beziehungsweise abgezogen. Wie ich das mache, erfahren Sie in den Rezepten.

Einkauf und Lagerung

Beim Einkauf sollte sich die ganze Frucht fest anfühlen und eine glänzende, glatte, straffe Haut haben. Die Farbe sollte leuchtend sein und der Stängel grün und frisch aussehen. Die Paprika lässt sich sehr gut lagern: In einem nicht zu kalten Gemüsefach hält sie sich 7 bis 21 Tage. Auch zum Tiefkühlen eignen sich Paprika sehr gut, nach dem Waschen und Zerkleinern können sie problemlos eingefroren werden.

Paprika-Letscho mit Buchweizen

Das Letscho kann gut in größeren Portionen zubereitet werden, es hält sich 4 bis 5 Tage. Es ist sehr gut geeignet fürs Meal Prep, denn es schmeckt warm, aber auch kalt.

Zubereitungszeit: ca. 35 Min. / Für 4 Personen

Für das Letscho:

2 Zwiebeln
2 frische Knoblauchzehen
2 rote Spitzpaprikaschote
2 gelbe Gemüsepaprikaschote
1 Stange Lauch
1 EL Rapsöl
2 EL Tomatenmark
300–400 ml Gemüsefond (siehe S. 161)
1 TL Steinsalz
1 EL geräuchertes Paprikapulver
1 TL Galgantpulver
1 Dose geschälte, stückige Tomaten
1 TL geriebener Ingwer
1 Bund Petersilie (gewaschen)
4–5 gehackte Pistazien

Für den Buchweizen:

200 g Buchweizen
400 ml Gemüsefond

Alles verwenden:
Die Gemüseschalen und -abschnitte werden für den Gemüsefond von S. 161 weiterverwendet. Aus Paprikakernen werden neue Pflanzen gezogen (siehe S. 119).

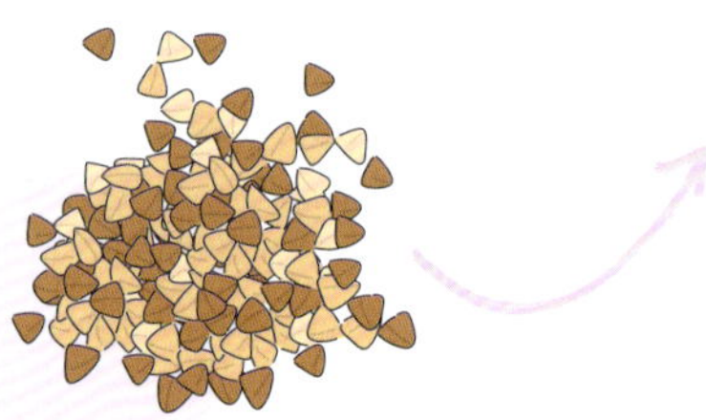

Zubereitung:

1. Zwiebeln und Knoblauch schälen. Zwiebeln vierteln, Knoblauch in kleine Würfel schneiden. Die Paprika waschen, den Strunk mit dem Kerngehäuse und die weiße Innenhaut entfernen, dann die Paprika in Ringe oder Streifen schneiden. Die Lauchstange putzen, den Wurzelansatz und evtl. die Enden der grünen Spitzen abschneiden. Den Lauch waschen und in etwa ½ cm dicke Ringe schneiden.

2. Zwiebeln und Knoblauch im Rapsöl in einer großen Pfanne oder einem Topf glasig andünsten. Das Tomatenmark dazugeben und unter Rühren weiter andünsten und mit der Hälfte des Gemüsefonds ablöschen. Nun die Paprika und den Lauch hinzufügen und mit Salz, Paprikapulver und Galgant würzen. Die Dosentomaten und den Ingwer unterrühren und mit dem restlichen Gemüsefond auffüllen. Alles 5 Minuten auf mittlerer Hitze köcheln

lassen, vom Herd nehmen und zugedeckt ziehen lassen. Petersilie klein schneiden und unterrühren.

3. Den Buchweizen erst gründlich in einem Sieb abwaschen und dann in einem Topf mit Gemüsefond im Verhältnis 1:2 (also 400 ml) aufkochen lassen. Sobald der Buchweizen kocht, die Hitze herunterschalten und mit geschlossenem Deckel etwa 15 Minuten quellen zu lassen. Währenddessen nicht umrühren.

4. Zum Anrichten den gut gequollenen Buchweizen in eine kleine Schüssel, die mit kaltem Wasser ausgespült wurde (das erleichtert den Stürzvorgang), einfüllen und mit einem Esslöffel festdrücken. Dann einen Teller auf die Schüssel legen und alles umdrehen, so erhält man einen Buchweizenturm. Das Letscho mit der Sauce darum herumverteilen und mit den gekeimten Buchweizensamen, den Pistazien und etwas Petersilie garnieren.

Gefüllte Paprika mit Gemüsehack und Rotweinsauce

Hierfür eignet sich jede Paprikasorte: ob klein, spitz, rot oder grün. Es lohnt sich sehr, gleich mehrere gefüllte Paprika im Ofen zuzubereiten.

Zubereitungszeit: ca. 45 Min. / Für 4 Personen

Für die Paprika:

80 g Hirse
180 g feine Haferflocken
4 Gemüsepaprikaschoten (z.B. gelb, grün, orange, rot)
4 Schalotten
3 frische Knoblauchzehen
3 Stangen Staudensellerie
1 EL Rapsöl
2 EL Tomatenmark
300–400 ml Gemüsefond
1 Msp. Kurkumapulver
1 TL Harissa (scharfe Gewürzmischung)
1 EL Räuchersalz
1 TL geräuchertes Paprikapulver
2 EL Maismehl

Für die Sauce:

1 große rote Zwiebel
2 Knoblauchzehen
1 EL Rapsöl
300 ml Gemüsefond (siehe S. 161)
200–250 ml Rotwein
2 TL Senf
1 EL Tomatenmark
1 EL Agavendicksaft
1 TL Nusspaste
1 Zweig Rosmarin (gewaschen)
1 EL Buchweizenmehl
Steinsalz
Räuchersalz (Kala Namak)

Zubereitung:

1. Für die Paprika die Hirse lauwarm abwaschen, die Haferflocken evtl. fein mixen. Die Paprika waschen, den Strunk und das Kerngehäuse ◉ entfernen und die Paprika halbieren. Schalotten und Knoblauch schälen ◉, den Sellerie putzen ◉, waschen und alles in kleine Würfel schneiden. Das Selleriegrün ganz fein hacken.

2. Knoblauch, Schalotten und Sellerie im Öl andünsten, das Tomatenmark dazugeben, weiterdünsten, mit Gemüsefond ablöschen. Die Haferflocken, die Hirse und die Gewürze hinzufügen und alles gut verrühren. Etwa 10 Minuten bei schwacher Hitze köcheln lassen, wenn nötig, etwas Wasser dazugeben. Das Maismehl in kaltem Wasser glatt anrühren und unter die Masse rühren, kurz ziehen lassen. Selleriegrün unterrühren.

3. Den Backofen auf 160 bis 180 °C (Umluft) vorheizen. Die Gemüsefüllung in die Paprikahälften füllen und etwa 30 Minuten im Ofen backen.

4. Für die Sauce Zwiebel und Knoblauch schälen ◉ und klein schneiden. Im Öl in einer großen Pfanne andünsten. Dann mit dem Gemüsefond und der

◉ **Alles verwenden:**
Die Gemüseschalen und -abschnitte werden für den Gemüsefond von S. 161 weiterverwendet, die Paprikakerne für das Ziehen von neuen Pflanzen (siehe S. 119).

Hälfte des Rotweins aufgießen. Senf, Tomatenmark, Agavendicksaft, Nusspaste und den Rosmarinzweig dazugeben. Alles etwa 20 Minuten köcheln lassen, dann in ein Sieb abgießen und in einen Topf umfüllen.

5. Zum Andicken den restlichen Rotwein mit dem Buchweizenmehl in einer separaten Schüssel verquirlen. Die Sauce im Topf aufkochen und das Buchweizen-Rotwein-Gemisch gut unterrühren. Einige Minuten unter Rühren leicht köcheln lassen. Mit Salz abschmecken. Zum Servieren etwas Rotweinsauce auf Tellern verteilen, die gefüllten Paprikaschoten darauf anrichten und nach Belieben mit frisch gehackten Staudenselleriebblättern garnieren. Die gefüllten Paprikaschoten mit Gemüsehack eignen sich auch hervorragend als Meal Prep für den nächsten Tag!

Zarte Paprikafilets mit Quinoa und Kräutersauce

Diese Filets zergehen auf der Zunge und sind trotzdem noch bissfest. Die Paprikafilets halten sich 3 bis 4 Tage, sie werden aber wahrscheinlich als Delikatesse schon früher verspeist. Warm oder kalt gegessen, schmecken sie gleichermaßen köstlich (Bild auf S. 113).

Zubereitungszeit: ca. 35 Min. / Für 2–4 Personen

Für das Gemüse:

2–4 Paprikaschoten (gelb und rot)
250 g Quinoa
1–3 Möhren
½ Salatgurke
1–2 Frühlingszwiebeln
1 frische Knoblauchzehe (wer mag)
2–3 EL Pflanzenöl (z.B. Kräuteröl)
3–4 EL naturtrüber Apfelessig (unpasteurisiert)
Saft von ½ Zitrone (wer mag)
Steinsalz
Pfeffer aus der Mühle
Kürbis- oder Sonnenblumkerne, Kürbiskernöl zum Garnieren
½ Bund Petersilie (optional)

Für die Sauce:

1 Handvoll Lieblingskräuter mit Stielen (z.B. Petersilie, Koriander, Löwenzahn)
2 kleine vorgekochte Kartoffeln (siehe S. 157)
1 frische Knoblauchzehe
Saft von 1 Zitrone
3 EL Olivenöl
1 EL naturtrüber Apfelessig (unpasteurisiert)
Steinsalz, Pfeffer aus der Mühle

Zubereitung:

1. Für das Gemüse die Paprika halbieren, den Strunk und das Kerngehäuse ⊛ herausschneiden und die Paprika nochmals halbieren. Mit den Schnittflächen auf ein Backblech geben. Den Backofen auf 160 °C (Umluft) vorheizen und den Grill dazuschalten. Die Paprika so lange grillen, bis die Schale mittel- bis dunkelbraun ist. Das kann 5 bis 10 Minuten dauern. Paprika herausnehmen, kurz abkühlen lassen und dann die Schale abziehen.

2. Die Quinoa in einem Sieb abspülen und mit der dreifachen Menge Wasser, in diesem Fall 750 ml, zum Kochen bringen. Bei schwacher Hitze etwa 20 Minuten köcheln lassen. Vom Herd nehmen und noch 5 Minuten abgedeckt ziehen lassen, bis das Wasser vollständig aufgesogen ist.

3. Die Möhren schälen ⊛ und fein reiben oder sehr klein schneiden, die Gurke waschen und in kleine Würfel schneiden. Die Frühlingszwiebeln putzen, waschen, ebenfalls fein schneiden, den Knoblauch schälen ⊛ und durch die Presse drücken. Alle Zutaten unter die Quinoa heben und gut vermengen.

4. Öl und Essig (Zitronensaft nach Belieben) zum Gemüse geben, mit Salz und Pfeffer würzen und alles gut vermischen.

5. Für die Kräutersauce alle Zutaten im Mixer pürieren. Falls die Sauce zu dickflüssig ist, noch etwas Wasser untermixen. Die Paprikafilets auf einer Platte anrichten. Den Quinoasalat in eine Tasse füllen und auf die Platte stürzen. Die Kräutersauce auf den Paprika verteilen. Nach Belieben mit Kürbis- oder Sonnenblumenkernen und Kürbiskernöl sowie Petersilie garnieren.

Paprika ziehen aus Kernen

Die Kerne zum Ziehen eigener Paprikapflanzen sollten aus einer vollreifen roten oder gelben Bio-Gemüsepaprika stammen. Nach dem Entfernen aus der Frucht müssen die Kerne gesäubert und getrocknet werden. Sie können dann bis zum Frühjahr aufbewahrt werden. Ab März können die gesammelten Samen ausgesät werden.

Um die Samen zum Keimen zu bringen, sollte so vorgegangen werden: Das Saatgut 1 bis 2 Tage in lauwarmem Wasser oder Kamillentee einweichen. Einen Bio-Torfpressling in Wasser quellen lassen. In die Vertiefung des Torfpresslings immer nur einen Samen etwa ½ cm tief einsetzen, mit wenig Erde bedecken und leicht andrücken. Die Erde sollte feucht, aber nicht nass sein, sie muss noch krümeln. Dafür eignen sich eine Aufzuchtbox mit Deckel und ein sonniger warmer Platz, am besten auf dem Fensterbrett. Nach etwa 10 Tagen sind die kleinen Sämlinge zu sehen.

Mit den ersten ausgebildeten Blättern ist der Zeitpunkt gekommen, um die junge Pflanze zu pikieren. Hierzu brauchen Sie einen kleines Holzstäbchen. Bitte ganz vorsichtig arbeiten, die Wurzeln sollen nicht verletzt werden. Vor dem Pikieren sollten die kleinen Sämlinge gegossen werden, der Umsetzvorgang sollte zügig passieren, die jungen Wurzeln sollten nicht länger als 20 Minuten ohne Erde sein. Lösen Sie die jungen Pflanzen vorsichtig von dem Substrat. Formen Sie mit Ihrem Zeigefinger ein etwa 3 cm tiefes Loch, in das Sie die Paprikapflanze einsetzen. Bedecken Sie den Wurzelteil mit Erde und drücken Sie ihn leicht an. Dieses Umsetzen ist Stress für das kleine Pflänzchen, es sollte jetzt etwas Wasser bekommen und einen warmen Platz. Nach nur 1 Tag hat sich die Paprikapflanze wieder erholt. Sie sollte aber für die nächsten Wochen noch nicht ins Freie gestellt werden, denn auch Pflanzen und gerade sehr junge Pflanzen können einen Sonnenbrand bekommen.

Nach ein paar Wochen kann die kräftige Pflanze in einen großen Topf umgetopft werden. In ein paar Monaten haben sich Paprikafrüchte entwickelt.
Viel Spaß beim Ernten!

PILZE

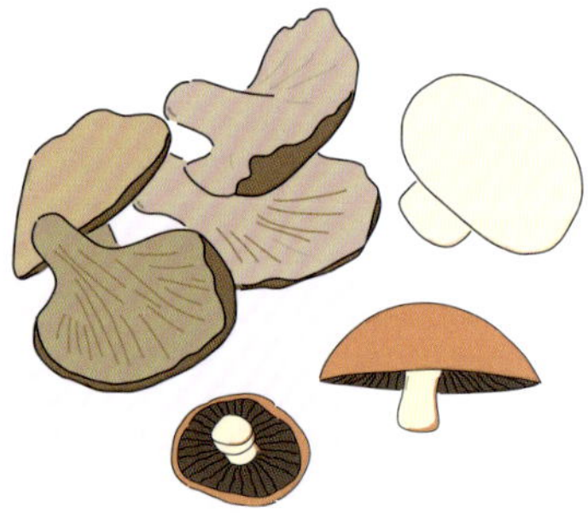

Pilze sind wirklich faszinierende und ganz besondere Gewächse mit viel Geschichte. Biologisch gesehen, sind sie Mischgeschöpfe zwischen Tier und Pflanze. Sie bilden ein eigenes Reich an Lebensform, lange zählte man sie zu den Pflanzen, weil sie sesshaft sind, also ihren Standort nicht wechseln. Im Vergleich zu Pflanzen können sie aber keine eigene Fotosynthese betreiben. Sie müssen sich wie Tiere auch durch die Aufnahme organischer Substanzen aus ihrer Umgebung ernähren.

Grob eingeteilt, gibt es zwei Arten von Pilzen: Zum einen die sogenannten Mykorrhiza-Pilze, sie leben in einer Symbiose mit Pflanzen. Das Wurzelwerk verschiedener Pflanzen, zum Beispiel von Bäumen, ist der Lebenspartner der Pilze. Beide Pflanzen kommunizieren miteinander und versorgen sich gegenseitig mit Nährstoffen. Die Pilzwurzeln umhüllen das Feinwurzelsystem der jeweiligen Pflanze, spenden ihnen Wasser und Mineralien, im Austausch dafür versorgt die Pflanze den Pilz mit Kohlenhydraten. Steinpilze und Pfifferlinge gehören zur dieser Kategorie und entstehen in dieser wunderbaren Symbiose. Wenn sich Mykorrhiza-Pilze im Boden ansiedeln, dann steigen dadurch die Bodenqualität und die Lebensbedingungen für andere Pflanzen und die Artenvielfalt wird erhöht. Das ist ein großes Thema in unserer heutigen Zeit der Monokulturen. Daher wäre eine Aufforstung mit Mischwäldern ein effektiver Beitrag zum Klimaschutz. Bäume und viele andere Pflanzen könnten durch diese Symbiose in einem Umfeld mit besserer Nährstoffversorgung leben.

Zum anderen gibt es die Zersetzer-Pilze, sie werden Destruenten genannt und zersetzen morsches oder totes organisches Material. Das haben wir alle schon einmal bei einem Waldspaziergang an einem umgestürzten Baum gesehen. Diese Sorte Pilze kann die pflanzliche Stärke in Zucker umwandeln und sich so nähren. Unsere heutigen zumeist in der Küche genutzten Speisepilze werden allerdings auf einem Substrat gezogen. Zum Anbau eignen sich je nach Pilzart verschiedene Grundlagen aus Pferdemist, Holzschnitzeln, Stroh, Hühnermist oder Kalk. In die Kategorie der sogenannten Zucht- oder Kulturpilze gehören Champignons, Austernpilze, Shiitakepilze und Kräuterseitlinge.

Der Mensch hat sich schon in der Steinzeit von Pilzen ernährt. Auch damals wurden bereits Pilze getrocknet und aufbewahrt, um über den Winter zu kommen. Pilzen wurde schon sehr früh in der Geschichte eine positive und kräftigende Wirkung zugesprochen. So bekamen schon die römischen Soldaten zur Stärkung regelmäßig dickfleischige Pilze zu essen. Pilze waren aber auch schon immer das Lieblingswerkzeug der Giftmörder. Das Wissen um die Giftwirkung von Pilzen ist altbekannt. Der römische Kaiser Claudius wurde von seiner Frau Agrippina mit Pilzen vergiftet, so kam ihr Sohn Nero auf den Thron. In meinen Rezepten spielen aber nur die positiven Nährstoffe von Pilzen und ihre Nutzung eine Rolle.

Lebensmittel sind schon seit jeher Trends unterlegen. Während die Speisepilze, gerade auch der Pfifferling, noch im Mittelalter ein Arme-Leute-Essen waren – daher stammt auch der Spruch: Das ist keinen Pfifferling wert –, wurden sie bereits nur etwa 100 Jahre später, im Barock, als Delikatesse gehandelt. In Europa machte der Champignon als erste kultivierte Pilzsorte in Frankreich um 1650 den Weg für eine dauerhaft gesunde Ernährung frei. In Japan hingegen werden zum Beispiel Shiitakepilze schon seit über 2000 Jahren gezüchtet.

Warum sind Pilze nun so gesund und äußerst wertvoll für unsere Ernährung? Sie enthalten Ballaststoffe, Mineralstoffe und eine sagenhafte Menge an Vitaminen wie A, B1, B2, B3, B5, B6, B7. Das Niacin (B3) ist besonders erwähnenswert, denn es spielt eine zentrale Rolle beim Energiestoffwechsel sowie beim Eiweiß-, Fett- und Kohlenhydratstoffwechsel. Außerdem sorgt das B3 für viele regenerative Prozesse in unserem Körper, indem es an dem Erholungsprozess von Nerven, Muskeln und Haut mitbeteiligt ist.
Es wird ofter erwähnt, dass Pilze auch Vitamin D enthalten. Mit dieser Aussage wäre ich vorsichtig, hier kommt es wirklich auf die Zuchtbedingungen an. Der Champignon oder auch Egerling zum Beispiel ist der am häufigsten kultivierte Pilz der Welt, auch weil seine Wachstumsbedingungen sehr anspruchslos sind. Er braucht kein Licht, um zu gedeihen, deshalb ist die Frage des Vitamin-D-Gehalts eine Überlegung wert. Wie auch der menschliche Körper braucht der Pilz die Sonne, um Vitamin D bilden zu können. Hier kommt es also sehr auf den Anbau an. Bei Wildpilzen ist das sicherlich anders.
Außerdem sind Pilze reich an Biotin B7, das ist ein bedeutender Bestandteil verschiedener Enzyme, aber auch relevant für den Amino- und Fettsäurestoffwechsel und für die Aktivierung von Energiereserven. Die wichtigsten in Pilzen enthaltenen Mineralstoffe sind Kalium, Kalzium, Magnesium, Natrium, Eisen, Zink und Phosphor. Pilze haben zudem eine positive Wirkung auf unsere Darmflora und somit auf unser Immunsystem. Sie enthalten Chitin in ihrer Zellwand als Stütze für ihren Pilzkörper. Deshalb liegen Pilze vielleicht auch manchmal bei manchen Menschen schwer im Magen. Dieses Polysaccharid ist für unseren Darm nicht zu verwerten und unverdaulich. Die Darmbakterien finden es aber besonders lecker. Dadurch nimmt nach dem Verzehr von Pilzen die Anzahl der „guten Darmbakterien" zu.

Studien in den USA und China haben ergeben, dass das Risiko, an Brustkrebs zu erkranken, verringert werden kann durch ein enthaltenes Enzym, das als Aromatasehemmer die Bildung von Östrogen eindämmt.

Einkauf und Lagerung

Meiden Sie beim Kauf von Pilzen verschlossene Packungen oder verschweißte Schachteln. Pilze kann man am besten einschätzen, wenn man sie von allen Seiten anschauen kann. Unter Folien kann sich Feuchtigkeit ansammeln und den Pilz schneller verderben lassen. Gerade bei Champignons und Portobellos sollten die Lamellen noch mit einer hellen schaumigen Hülle geschlossen sein. Besonders entscheidend beim Kauf ist der Geruch, diese Methode ist tatsächlich immer noch die sicherste, um frische Pilze zu erkennen. Wichtig ist auch, ob Stiel und Kappe noch stabil miteinander verbunden sind. Die Pilze sollten außerdem keine Druckstellen aufweisen. Die klassischen Waldpilze wie Steinpilze und Pfifferlinge werden noch immer eigenhändig im Unterholz gesammelt. Deshalb sind diese Pilze auch immer etwas teurer. Pilze sollten schnell verarbeitet werden und nicht lange gelagert werden.

Pilze selbst sammeln:

Sammeln Sie nur Pilze, die Sie wirklich kennen. Wenn Sie unsicher sind, lassen Sie die Finger von Pilzen. Bitte den Pilz niemals ausreißen, sondern mit einem scharfen Pilzmesser an der Bodenoberfläche abschneiden. Immer nur so viele Pilze sammeln, wie man auch zeitnah verbrauchen kann. Dadurch schonen Sie den Pilzbestand.

Portobello-Steak auf grüner Kräutersauce, dazu Bohnen und Süßkartoffel-Pommes

Was ist eigentlich ein Portobello-Pilz? Im Grunde ein groß geratener Riesenchampignon. Aufgrund seiner besonderen Lamellenausbildung hat er einen ganz einzigartigen und kräftigen Geschmack. Der Portobello ist auch hervorragend zum Grillen oder Braten geeignet.

Zubereitungszeit: ca. 40 Min. / Für 2 Personen

Alles verwenden:
Die Gemüseschalen und -abschnitte werden für den Gemüsefond von S. 161 weiterverwendet.

Zutaten:
1 Süßkartoffel
Olivenöl
Steinsalz
4 frische Portobello-Pilze
300 g frische Bohnen

Für die Marinade:
1–2 frische Knoblauchzehen
4 EL Olivenöl
4 EL naturtrüber Apfelessig (unpasteurisiert)
3 TL mittelscharfer Senf
½ TL Steinsalz
Pfeffer aus der Mühle

Für die Sauce:
3 kleine vorgekochte Kartoffeln (siehe S. 157)
1 frische Knoblauchzehe
1 Bund Petersilie (gewaschen)
2 EL Olivenöl
1 EL naturtrüber Apfelessig (unpasteurisiert)
Steinsalz
Pfeffer aus der Mühle

Zubereitung:

1. Die Süßkartoffel putzen und schälen ●, dann in Stifte (wie Pommes) schneiden. In einer Schüssel mit etwas Olivenöl und Salz vermengen. Den Backofen auf 170 bis 180 °C (Umluft) vorheizen. Die Süßkartoffel auf einem mit Backpapier oder -matte ausgelegten Backblech verteilen und im Ofen etwa 20 Minuten garen, dabei ab und zu wenden, damit sie gleichmäßig knusprig wird.

2. Die Außenseite der Pilze mit einem feuchten Tuch abreiben. Für die Marinade den Knoblauch schälen ● und fein schneiden oder pressen. Knoblauch, Öl, Essig, Senf, 2 EL Wasser verrühren und mit Salz und Pfeffer würzen. Die Pilze in eine Auflaufform mit den Lamellen nach oben legen, die Marinade mit einem Löffel in den Lamellen verteilen und auch die Außenseite der Pilze bestreichen.

3. Den Backofen auf 170 bis 180 °C (Umluft) vorheizen. Die Pilze 10 Minuten im Ofen backen, dann wenden und noch einmal mit der übrigen Marinade bestreichen. Weitere 5 bis 10 Minuten backen, bis sie braun sind.

4. Die Bohnen waschen, bei manchen Bohnensorten müssen nach dem Waschen noch die Fäden gezogen werden, jedoch sind die meisten Sorten mittlerweile frei davon. Dann in einen Topf mit Deckel und Dämpfeinsatz geben, 1 Prise Salz in das Wasser geben und die Bohnen 5 bis 7 Minuten dünsten. Dann sind die Bohnen noch knackig.

5. Für die Kräutersauce die Kartoffeln in einem Mixer mit der geschälten Knoblauchzehe, dem Bund Petersilie, dem Olivenöl und Apfelessig, Salz und Pfeffer geben und pürieren. 100 ml heißes Wasser dazugeben und alles cremig mixen. Je nach Wunsch kann auch mehr Wasser dazugegeben werden, bis die Sauce die gewünschte Konsistenz hat.

6. Die Pilze auf der Kräutersauce anrichten und Süßkartoffel-Pommes und Bohnen dazu servieren.

Gefüllte Champignons mit Cashew-Frischkäse

Die gebackenen Pilze schmecken warm und kalt und sind auch ideal als Fingerfood für eine Stehparty.

Zubereitungszeit: ca. 40 Min. / Für 2 Personen

Zutaten:

2 Tomaten
6 mittelgroße Champignons
4–5 EL Cashew-Frischkäse
(siehe S. 52)
etwas Steinsalz
Pfeffer aus der Mühle
2 EL Olivenöl
etwas Petersilie (gewaschen)

Alles verwenden:
Die Champignonstiele werden für die Sauce verwendet (siehe Step 3.).

Zubereitung:

1. Den Backofen auf 200 °C (Umluft) vorheizen. Die Tomaten waschen, den Strunk herausschneiden und die Tomaten in kleine Würfel schneiden. Die Champignons mit einem feuchten Tuch etwas abreiben, die Stiele abschneiden.

2. Cashew-Frischkäse in einer Schüssel mit den gewürfelten Tomaten, 2 bis 3 EL Wasser, Salz und Pfeffer und 1 EL Olivenöl vermischen.

3. Die Pilze in eine Auflaufform legen und jeweils mit 1 bis 2 TL Cashew-Tomatencreme füllen. Die restliche Cashew-Tomatencreme mit den Stielen der Champignons, übrigem Olivenöl sowie 1 EL Wasser, Salz und Pfeffer in den Mixer gegeben und pürieren. Die Cashew-Pilz-Sauce in die Auflaufform zu den Pilzen gießen.

4. Die Pilze im Ofen 20 bis 25 Minuten überbacken. Zum Servieren mit fein gehackter Petersilie bestreuen.

Tipp:
Wer Lust hat auf Käsechips, kann einfach vom Cashew-Frischkäse etwas mit einem Messer auf ein Backpapier streichen und wunderbar knusprige und herzhafte Käsechips mitbacken. Achtung, hierbei besteht absolute Suchtgefahr!

Austernpilz-Brotaufstrich mit Hirse und Curry

Dieser Brotaufstrich ist reich an Ballaststoffen und Vitaminen. Die Pilz-Hirse-Creme ist vielseitig einsetzbar, lässt sich wunderbar einfrieren und kann auch als Saucengrundlage verwendet werden.

Zubereitungszeit: ca. 10 Min. / Für 300 g

Zutaten:

1 Zwiebel
1 frische Knoblauchzehe
200 g Austernpilze
1 EL Rapsöl
150 g gekochte gelbe Hirse (siehe S. 74, Rezept Hirsebratlinge)
1 EL Senf
3 EL Olivenöl
1 TL Currypulver
Steinsalz
Pfeffer aus der Mühle

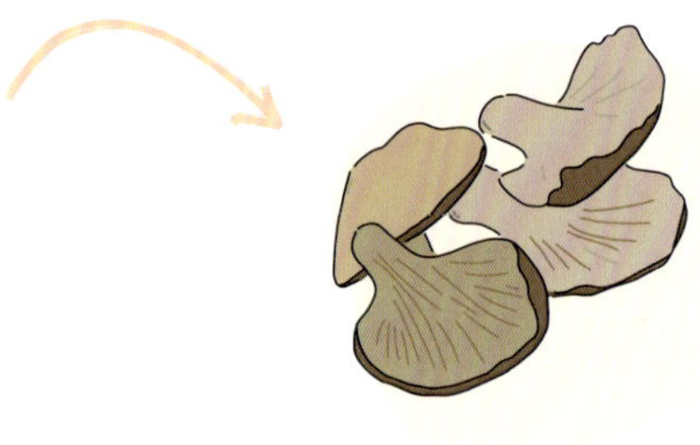

Zubereitung:

1. Zwiebel und Knoblauch schälen ●. Die Austernpilze mit einem feuchten Tuch abreiben. Alles etwas klein schneiden und mit dem Rapsöl in einer Pfanne gut anbraten, anschließend vom Herd nehmen und abkühlen lassen.

2. Pilze, Zwiebel, Knoblauch, Hirse, Senf, Öl und Gewürze in einen Mixer geben und pürieren. Wenn die Menge zu trocken ist, mit etwas mehr Olivenöl oder Wasser vermengen, bis die gewünschte Cremigkeit erreicht ist.

● Alles verwenden:
Die Gemüseschalen und -abschnitte werden für den Gemüsefond von S. 161 weiterverwendet.

QUINOA

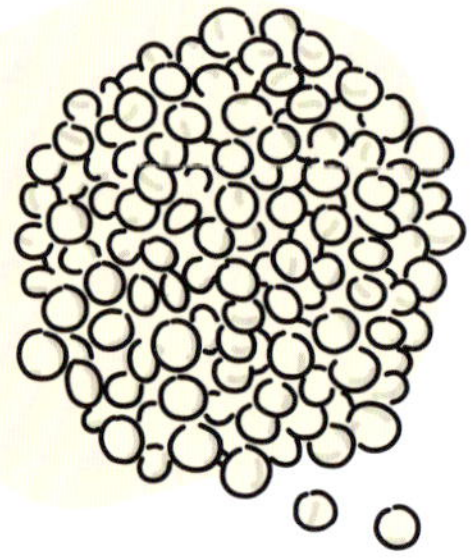

Das ist meine Liebeserklärung an ein kleines Korn, das es in sich hat! Quinoa ist ein Urgetreide, das seinen Ursprung in den Anden hat und dort schon seit über 6000 Jahren kultiviert wird. Die Wunderpflanze, das „Gold der Inka", wird auch Peru-Reis oder Inka-Weizen genannt. Wie Politik auch unser Essverhalten beeinflussen kann, würde ich gerne an einem Beispiel zeigen. Während der spanischen Eroberungskriege im 16. Jahrhundert in Mittel- und Südamerika wurde Quinoa zu einem Politikum. Es war den Inkas und Azteken über viele Jahre komplett verboten, sie anzubauen. Der Anbau wurde sogar unter Todesstrafe gestellt. Ziel dieses verbrecherischen Verbots war es, die betroffenen Völker zu schwächen. Für uns kann das nur heißen, wer Quinoa isst, ist stark! Dieses Anbauverbot hielt sich – unglaublich, aber wahr – über Jahrhunderte, sodass Quinoa in der westlichen Welt erst im Laufe des 20. Jahrhunderts bekannt wurde.

Botanik und Anbau

Botanisch gehört Quinoa zu der Gattung der Gänsefüße in der Pflanzenfamilie der Fuchsschwanzgewächse und ist mit Spinat, Mangold oder Roter Bete verwandt. Die Pflanze ist sehr robust und wächst in bis zu 4000 Meter Höhe. Allgemein gilt Quinoa als relativ anspruchslos, entsprechend ihrer Herkunft aus den Höhenlagen der Anden benötigt sie nur etwa ein Drittel der Wassermenge von Weizen. In dieser Pflanze vereint sich Kraft, Energie und Widerstandsfähigkeit. Quinoa ist glutenfrei und ein idealer Nährstofflieferant mit einem hohen Anteil an pflanzlichem Eiweiß sowie Vitaminen und Mineralien. Aufgrund der getreideähnlichen Verwendung zählen wir sie zu den Pseudogetreiden, weil sie kein Klebereiweiß Gluten enthält. Bei den Inka galt die Quinoapflanze schon immer als heilig, 2013 wurde sie dann zur Pflanze des Jahres von der FAO, der Ernährungs- und Landwirtschaftsorganisation der Vereinten Nationen (Food and Agriculture Organization of the United Nations), gekürt. Aufgrund der Nährstoffzusammensetzung wurde das „Gold der Inka" auch bei uns vor ein paar Jahren zum Superfood gekürt. Weltweit werden etwa 250 000 Tonnen jährlich geerntet.

Der Anbau von Quinoa erstreckt sich meistens entlang der Westküste Lateinamerikas. Die besten klimatischen Bedingungen finden sich jedoch in den Hochebenen der Anden in Ecuador, Peru und Bolivien. Wegen der gestiegenen Nachfrage und eines wachsenden Bewusstseins für die Vorzüge regional erzeugter Lebensmittel wird Quinoa inzwischen auch schon recht erfolgreich in Deutschland angebaut. Es gibt etwa 60 Betriebe, die auf rund 100 Hektar Land zwischen 6000 und 7000 Tonnen ernten. Das ist ein wachsender Anteil an dem gesamten Import von 25 000 Tonnen nach Europa. Die heimische Ware ist zwar ungefähr 30 Prozent teurer als die Ware aus Südamerika, dafür aber auch mit gut sichtbarer Herkunftskennzeichnung und meistens biologisch angebaut.

Es gibt rund 1800 verschiedene Quinoasorten, die schwarzen, weißen und roten sind mit Abstand am beliebtesten. Alle Sorten haben einen nussigen Geschmack, im Gegensatz zur weißen Quinoa ist er bei der roten Sorte deutlich stärker ausgeprägt. Das Tolle an Quinoa ist: Bei der Verarbeitung nimmt sie beim Kochen besonders gut andere Aromen auf, etwa von frischem Gemüse, Obst, Kräutern oder Gewürzen. Quinoa kann als süße oder herzhafte Speise zubereitet werden.

Inhaltsstoffe

In unserer heutigen Zeit „entdecken" wir alte, oft ganz in Vergessenheit geratene Lebensmittel wieder. Dazu gehören natürlich auch die Urgetreide, weil wir mit unseren „modernen" völlig überzüchteten Nahrungspflanzen an unsere Grenzen kommen. Wir ernten zwar durch die Zuchtoptimierung mehr – es sind aber dadurch weniger wertvolle und bioverfügbare Nährstoffe enthalten. Das heißt, wir essen mehr an Masse, aber mit immer weniger Inhalt. So kann es zu einem Nährstoffmangel kommen.

Bei Quinoa kann uns das nicht passieren, denn der Nährstoffgehalt ist hier in einer fast einzigartigen Dichte mit einer sehr hohen Bioverfügbarkeit vorhanden. Quinoasamen sind äußerst eiweißreich und enthalten alle lebenswichtigen essenziellen (vom menschlichen Organismus nicht selbst herstellbaren) Aminosäuren. Quinoa hat ungefähr doppelt so viele Ballaststoffe wie andere Getreidesorten. Das Spektrum an Mineralstoffen wie Magnesium, Eisen, Kalium und die Konzentration von Vitaminen der B-Gruppe ist sehr hoch und in einer ausgewogenen Qualität. Quinoa ist komplett basisch, trägt somit zur ausgewogenen und gesunden Ernährung bei und reduziert Entzündungen im Körper. Der glykämische Index von Quinoa ist sehr niedrig. Mit 62 Kohlenhydraten pro 100 Gramm sind die Samen auf den ersten Blick zwar nichts für Low-Carb-Liebhaber, es kommt aber meiner Meinung nach immer auf die Qualität der Kohlenhydrate an. Die Kohlenhydrate von Quinoa sind besonders komplex, können vom Körper gut verstoffwechselt werden und lassen den Blutzuckerspiegel nur sanft ansteigen. Das bedeutet, Quinoa wird langsam verdaut, beugt dadurch Heißhungerattacken vor und bietet gerade für Figurbewusste eine leckere Alternative zu anderen Nahrungsmitteln. Durch den hohen Magnesiumanteil senkt Quinoa die Blutfettwerte, den Blutdruck und die Cholesterinwerte. Dadurch wird das Herz-Kreislauf-System geschützt.

Verschiedene wissenschaftliche Studien der Universität von Newcastle und der German Society of Anti-Aging Medicine haben die positive Wirkung von Quinoa in Verbindung mit Migräneattacken, Depressionen, Essstörungen, Angstzuständen und starken Stimmungsschwankungen bestätigt. Speziell Tryptophan, eine essenzielle Aminosäure, die der Botenstoff für die Produktion von Serotonin ist, wurde auf ihre Wirkung hin untersucht. Für unsere Ernährung ist dabei wichtig, dass wir mit Quinoa regelmäßig auf unserem Speiseplan eine ausreichende Menge von Tryptophan zu uns nehmen und dadurch den genannten Symptomen wirkungsvoll vorbeugen können.

Einkauf und Lagerung

Quinoa sollte in Bio-Qualität gekauft werden, wenn möglich auch aus den regionalen Betrieben. Wenn ein Lebensmittel so viele wunderbare Inhaltsstoffe mit sich bringt, dann sollten diese auch durch die bestmögliche Lagerung so lange wie möglich erhalten bleiben. Quinoa hält länger, wenn Sie sie an einem dunklen, kühlen und trockenen Ort lagern. Sie mag einen licht- und luftgeschützten Platz. Auch Mehl aus Quinoa darf nicht zu lange lagern, da es wegen seiner ungesättigten Fettsäuren schnell oxidieren kann. Bewahren Sie die Quinoaerzeugnisse deshalb und zum Schutz vor Lebensmittelschädlingen am besten in fest verschließbaren Gläsern im Schrank auf.

Hummus aus Quinoa

Dieser Hummus ist mal nicht aus Kichererbsen, sondern aus Quinoa zubereitet. Daher gut für alle, die keine Hülsenfrüchte vertragen.

Zubereitungszeit: ca. 10 Min. / Für 400 g

Zutaten:

1–2 frische Knoblauchzehen
300 g vorgekochte Quinoa
Saft von ½ Zitrone
1–2 EL Olivenöl
1–2 TL Kreuzkümmelpulver
1 EL Tahin (Sesampaste)
Steinsalz
100–150 ml Gemüsefond oder -brühe (siehe S. 161)

Zubereitung:

1. Die Knoblauchzehen schälen ◉ und mit Quinoa, Zitronensaft, Olivenöl, Kreuzkümmel und Tahin sowie etwas Salz in die Küchenmaschine oder den Mixer geben und verrühren. Den Gemüsefond oder die -brühe nach und nach dazugeben, je nachdem wie die gewünschte Konsistenz sein soll.

2. Zum Garnieren etwas Paprikapulver, eventuell klein geschnittene getrocknete Tomaten (siehe S. 156) oder Oliven und etwas Olivenöl daraufgeben.

Grundrezept: Quinoa kochen

Ich habe fast immer gekochte Quinoa im Haus, denn ich verwende sie für viele ganz unterschiedliche Rezepte. Neutral gekochte Quinoa hält sich im Kühlschrank 5 bis 6 Tage. Quinoa passt zu jedem Gericht als Beilage und kann wirklich mit allem kombiniert werden.

Generell gilt, Quinoa wird immer im Verhältnis 1 : 2 gekocht. Also ein Teil Quinoa und zwei Teile Wasser.

Quinoamenge abmessen, in einem Sieb unter fließendem kaltem Wasser gut waschen. In einen Topf geben und mit der doppelten Menge an kaltem Wasser auffüllen. Nun zum Kochen bringen, nur ganz kurz aufkochen lassen, es soll nicht zu viel pflanzliches Eiweiß in Form von Schaum austreten. Dann die Temperatur auf mittlere Stufe herunterschalten. Den Topf mit einem Deckel bedecken und etwa 15 Minuten weitergaren. Während dieser Zeit nicht umrühren. Den Herd ausstellen und die Quinoa im Topf abgedeckt weitere 15 Minuten ziehen lassen. Dann abkühlen lassen und nach Wunsch weiterverarbeiten.

Knackiger Quinoa-Salat mit Rotkohl

Dieser Salat ist sehr vielseitig und eignet sich auch besonders gut als Meal Prep für die Lunchbox.

Zubereitungszeit: ca. 40 Min. / Für 3–4 Personen

Pfeffer aus der Mühle

Zutaten:

400 g weiße Quinoa
2 Stangen Staudensellerie
2 Frühlingszwiebeln
4 Möhren
2 frische Knoblauchzehen
5 Radieschen
¼ Rotkohl
4 EL Olivenöl
4 EL naturtrüber Apfelessig (unpasteurisiert)
Saft von ½ Zitrone
Steinsalz

Alles verwenden:
Die Gemüseschalen und -abschnitte werden für den Gemüsefond von S. 161 weiterverwendet.

Zubereitung:

1. Die Quinoa nach dem Grundrezept auf S. 130 kochen.

2. Das Gemüse putzen, evtl. waschen die Möhren und den Knoblauch schälen, Sellerie und Frühlingzwiebeln in dünne Scheiben schneiden. Die Möhren fein reiben. Die Knoblauchzehen durchpressen. Die Radieschen in kleine Würfel schneiden und den Rotkohl in dünne Scheiben schneiden oder fein hobeln.

3. Alles mit der Quinoa vermischen. Öl, Apfelessig und den Zitronensaft dazugeben, gut vermengen und mit Salz, frisch gemahlenem Pfeffer würzen und kurz ziehen lassen. Der Salat kann ein nährstoffreiches Hauptgericht sein oder eine tolle Beilage. In Kombination mit den würzig panierten, gebratenen Bananenschalen (siehe S. 27) ergibt sich ein ganz neues Geschmackserlebnis.

Quinoa-Pudding

Quinoa kann auch als Grundlage für eine Süßspeise dienen. Die wertvollen Inhaltsstoffe, die in der Quinoa enthalten sind, bekommen wir normalerweise nicht mit süßen Gerichten geliefert. Hier muss man kein schlechtes Gewissen haben, wenn man Süßes isst, denn dieser Pudding ist ballaststoff-, mineralstoff- und vitaminreich. Der Pudding ist cremig mit leichtem knusprigem Biss und kann warm oder kalt gegessen werden.

Zubereitungszeit: ca. 30 Min. / Für 2 Personen

Zutaten:

2 TL Chiasamen
170 g weiße Quinoa
360 ml Kokosmilch
oder Hafermilch
60–80 ml Agavendicksaft
Steinsalz
½ TL Ceylon-Zimtpulver
½ TL gemahlener Kardamom

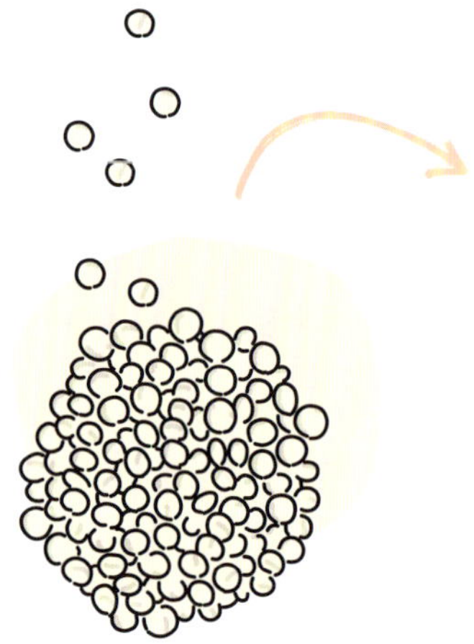

Zubereitung:

1. Chiasamen mit der dreifachen Menge Wasser ansetzen und 5 bis 10 Minuten quellen lassen.

2. Quinoa in einem Sieb gründlich unter fließendem kaltem Wasser waschen. In einen Topf füllen und mit der Kokosmilch aufgießen. Kurz aufkochen, dann auf mittlere Hitze herunterschalten. Die Chiasamen und den Agavendicksaft dazugeben, gut verrühren und zugedeckt etwa 10 Minuten köcheln lassen. Mit 1 Prise Salz, Zimt und Kardamom würzen. Weitere 5 Minuten köcheln lassen. (Eventuell mit etwas Kokosmilch oder Wasser auffüllen.)

3. Den Pudding vom Herd nehmen, kurz abkühlen lassen und in gewünschte Formen füllen. Zum Servieren mit Früchten der Saison und Minze garnieren.

ROMANESCO

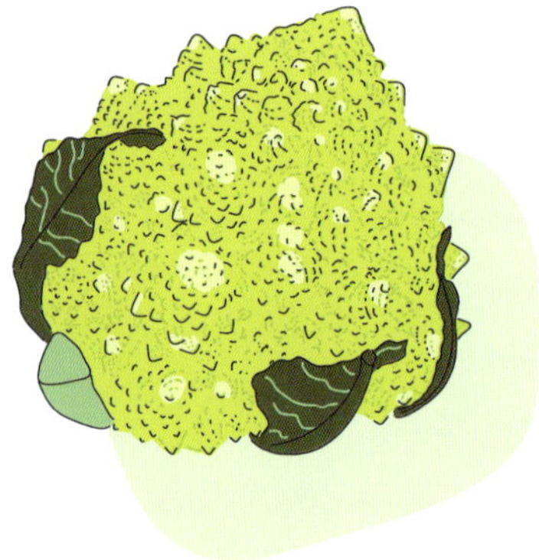

Der ungewöhnliche Kohlkopf mit seinen spitzen leuchtend grünen Röschen ist eine Unterart des Blumenkohls und nicht – wie häufig zu lesen – eine Kreuzung aus Blumenkohl und Brokkoli. Romanesco gehört zur Familie der Kreuzblütler. Wie sein Name schon vermuten lässt, stammt Romanesco aus dem Mittelmeerraum und soll vor etwa 400 Jahren in der Nähe von Rom entstanden sein. Die türmchenförmigen, exakt gleichmäßig wachsenden Röschen sind aber nicht nur hübsch anzusehen, sondern schmecken auch noch richtig gut, nämlich mild und nussig. Jeder einzelne Kohlkopf ist ein geometrisches Meisterwerk, der Romanesco zeigt in seiner Gestalt die spiralförmige Anordnung der Blüten. Wegen der Form des Blütenstands wird er übrigens auch Minarett- oder Türmchenkohl genannt.

Romanesco wird in Italien, Spanien und auch in Deutschland angebaut. Die intensive grüne Farbe ist nicht nur ein markanter äußerlicher Unterschied zum Blumenkohl, sondern sagt auch etwas über den Nährstoffgehalt aus. Während der Blumenkohl ohne direkte Sonneneinstrahlung wächst, weil er in seine Blätter gehüllt ist, wächst der Romanesco unter Sonnenlicht und enthält genau deshalb kostbares Chlorophyll. Das grüne Pflanzenblut ist vom chemischen Aufbau fast das Gleiche wie beim roten Blutfarbstoff Hämoglobin. Chlorophyll fördert deshalb die Bildung neuer Blutzellen und den Sauerstofftransport im Blut.
Mehr Farbe, mehr wertvolle Nährstoffe: Nach dieser Devise kann Romanesco gegenüber seinem Vetter, dem Blumenkohl, zum Beispiel mit einem bis zu 80 Prozent höheren Gehalt an Provitamin A punkten. Außerdem enthält Romanesco im Vergleich zu Blumenkohl deutlich mehr Vitamin C und Carotin. Wegen seiner zarten Zellstrukturen ist Romanesco leicht verdaulich und perfekt auch für Schon- und Diätgerichte. Da der Kohl kaum Fett und nur wenige Kalorien enthält, eignet er sich zudem prima für figurbewusste Genießer. Er liefert bei wenig Kalorien viele Nährstoffe und sättigt mit verhältnismäßig vielen Ballaststoffen, was Heißhungerattacken vorbeugt. Weitere Nährwerte sind Vitamin C, B-Vitamine und Folsäure. Die enthaltene Folsäure und das Vitamin C unterstützen das Immunsystem und wirken gegen Müdigkeit und Erschöpfung. Außerdem enthält Romanesco Provitamin A, Carotin, Phosphor, Zink und Kalium. Der hohe Anteil am Mineralstoff Kalium (rund 280 mg) stärkt das Herz und den Kreislauf und

beugt Herzrhythmusstörungen vor. Unterstützend wirkt gleichzeitig der beachtliche Anteil an Vitamin K. Romanesco ist leicht verdaulich und bläht weniger als andere Kohlsorten, er beruhigt sogar den Bauch und ist für Magenkranke sehr zu empfehlen.

Wer den zart nussigen Geschmack von Romanesco erhalten will, kann ihn roh essen, dann am besten zu jungem, zartem Romanesco greifen. Für einen Salat den Kohl einfach in dünne Scheiben schneiden oder hobeln. Wer ihn kochen möchte, sollte wissen, je länger Romanesco gekocht wird, desto stärker kommt das Kohlaroma zum Vorschein. Blanchiert oder kurz gedünstet ist er am köstlichsten und bekömmlichsten. Den Strunk bitte nicht wegwerfen, sondern einfach schälen, würfeln und mitessen. Genau das Gleiche gilt auch für die Blätter.

Einkauf und Lagerung

Romanesco aus dem Freiland gibt es aus deutschem Anbau etwa von Ende Mai bis Anfang Oktober. In Italien und Spanien sowie Frankreich startet die Saison früher und dauert länger. Das beste Signal für Frische sind bei Romanesco die äußeren Hüllblätter: Sie sollten knackig und grün sein. Sehen sie welk oder gar gelb aus, lieber Finger weg! Überlagerter Romanesco schmeckt muffig und hat das Meiste seiner Nährstoffe eingebüßt. Romanesco sollte nie schwarze Punkte an den Röschen aufweisen!
Romanesco sollte am besten frisch verzehrt werden. Im Kühlschrank aufbewahrt, hält er sich etwa 2 bis 3 Tage. Auch zum Einfrieren eignet er sich, dafür den Kopf in Röschen teilen, kurz in Salzwasser blanchieren und nach dem Auskühlen in einen Gefrierbehälter geben.

Gedünsteter Romanesco mit Gewürzreis

Dieser Reis ist perfekt fürs Meal Prep, deshalb mache ich immer gleich etwas mehr. Der Gewürzreis ist eine tolle Kombination mit dem zart gedünsteten Romanesco.

Zubereitungszeit: ca. 40 Min. (ohne Einweichzeit) / Für 2 Personen

Für den Reis:

2 Tassen Vollkornrundreis (ca. 250 g)
Steinsalz
1 Zwiebel
3 EL Rapsöl
50 g Pinienkerne oder Zedernkerne
40 g Aroniabeeren
40 g Cranberrys
½ TL Pimentpulver
1 Msp. Zimtpulver
Pfeffer aus der Mühle
40 g Sultaninen oder andere Rosinen

Für den Romanesco:

½ Romanesco
Steinsalz

Zubereitung:

1. Den Reis in einer Schüssel mit 750 ml heißem Wasser und 1 TL Steinsalz 30 Minuten einweichen. Dann das Wasser abgießen und den Reis so lange in einem Sieb abwaschen, bis das Wasser klar ist.

2. Die Zwiebel schälen ⊛ und in kleine Würfel schneiden. Das Öl in einer Pfanne oder einem Topf mit Deckel erhitzen und die Zwiebel darin glasig andünsten, die Pinienkerne dazugeben und goldbraun anrösten. Nun den Reis dazugeben und alles unter ständigem Rühren 3 bis 4 Minuten anbraten.

3. Die Aroniabeeren und Cranberrys dazugeben. ¼ l Wasser, etwas Salz und die Gewürze dazugeben. Alles zum Kochen bringen und bei mittlerer Hitze mit geschlossenem Deckel 15 bis 20 Minuten köcheln lassen. Dann die Herdplatte ausstellen, die Sultaninen dazugeben, unterrühren und den Reis weitere 5 bis 10 Minuten ziehen lassen.

4. Die Blätter vom Romanesco entfernen ⊛ (siehe S. 140), den Kohl in Röschen teilen und in einer Schüssel mit Wasser und 1 Prise Salz waschen.

5. In einem Topf mit Dämpfeinsatz 6 bis 7 Minuten garen oder in Salzwasser kochen. Das Dämpfen ist schonender und erhält mehr von den kostbaren Inhaltsstoffen.

6. Den Romanesco mit dem Reis anrichten. Nach Belieben mit Pistazien bestreuen. Dazu passt die Senfsauce mit Buchweizen (siehe S. 159).

Lauwarmer Romanescosalat mit Vinaigrette

Zubereitungszeit: ca. 15 Min. / Für 2 Personen

Zutaten:

½ Romanesco
Steinsalz
1–2 Cocktailtomaten
2 cm Salatgurke
¼ Radicchio
einige Blätter Endiviensalat
2 Schalotten
2 TL Traubenkernöl
3 EL Olivenöl
2 EL naturtrüber Apfelessig (unpasteurisiert)
1 TL Senf
4 EL warmes Wasser
2 TL Zitronensaft
Pfeffer aus der Mühle

Zubereitung:

1. Die Blätter vom Romanesco entfernen (siehe S. 140), den Kohl in Röschen teilen und in einer Schüssel mit Wasser und 1 Prise Salz waschen.

2. Den Kohl in einem Topf mit Dämpfeinsatz 5 Minuten garen oder in Salzwasser kochen. Das Dämpfen ist schonender und erhält mehr von den wertvollen Inhaltsstoffen.

3. Tomaten, Gurke und Salatblätter waschen, Schalotten schälen. Tomaten in Stücke, Gurken in Scheiben, Salat in Streifen und Schalotten in Würfel schneiden.

4. Für die Vinaigrette beide Ölsorten, Apfelessig, Senf, 4 EL warmes Wasser und Zitronensaft in ein Glas mit Deckel (zum Beispiel ein leeres Marmeladenglas) geben, mit Salz und Pfeffer würzen. Das Glas gut verschließen und so lange schütteln, bis die Vinaigrette cremig ist.

5. Den lauwarmen Romanesco in eine Schüssel geben, mit der Vinaigrette marinieren und ein paar Minuten ziehen lassen. Die restlichen Salatzutaten (Tomaten, Gurke, Schalotten, Endivien- und Radicchioblätter) dazugeben, gut untermischen und etwas ziehen lassen.

Romanescosuppe mit knuspriger Quinoa

Zubereitungszeit: ca. 20 Min. / Für 2 Personen

Zutaten:

grüne Blätter und Strunk von ½ Romanesco
1 Schalotte
1 frische Knoblauchzehe
100–150 g vorgekochter Quinoa
1 EL Olivenöl
Steinsalz
Pfeffer aus der Mühle
½ TL fein geriebener Ingwer
ca. 100 ml Hafermilch (siehe S. 66)

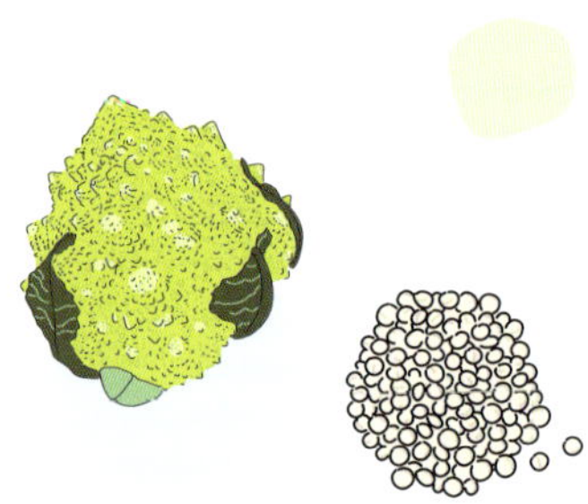

Zubereitung:

1. Die Blätter des Romanescos enthalten mindestens genauso viele wertvolle Inhaltsstoffe wie der Kohlkopf selbst. Deshalb sollten wir uns angewöhnen, auch Strunk und Blätter von Kohlsorten zu verwenden. Die Blätter waschen und, falls nötig, trockene Stellen abschneiden. Blätter und Strunk in einem Topf mit Dämpfeinsatz 4 bis 5 Minuten garen oder in Salzwasser kurz kochen.

2. Die Schalotte und den Knoblauch schälen und fein würfeln. Die Hälfte der vorgekochten Quinoa in einer Pfanne im Olivenöl mit dem Knoblauch und der Schalotte anbraten. Die restliche Quinoa in einer Pfanne ohne Fett anrösten.

3. Nun die warmen Kohlblätter und -strünke und den mit Schalotte und Knoblauch gebratene Quinoa mit den restlichen Zutaten in den Mixer geben und pürieren. Eventuell etwas heißes Wasser dazugeben.

4. Die geröstete Quinoa unterheben und servieren. Es ist eine leichte, aber gehaltvolle Suppe.

Alles verwenden:
Die Gemüseschalen für den Fond (siehe S. 161) aufbewahren.

Rote Linsen

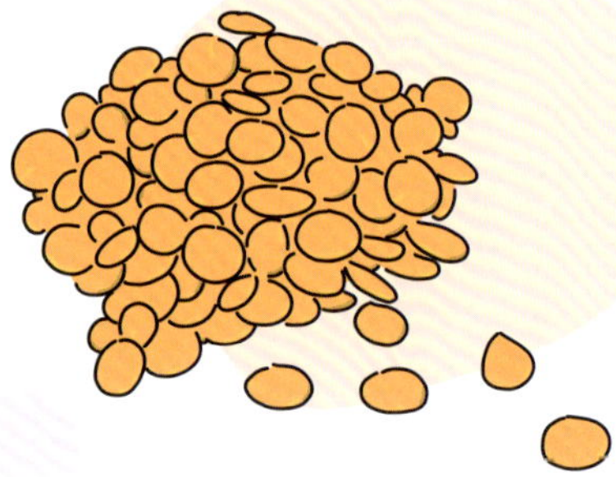

Linsengerichte galten lange als Arme-Leute-Essen. Für mich ist es völlig unverständlich, wie ein Lebensmittel, das so reich an Inhaltsstoffen ist, so bezeichnet werden kann. Das vermeintlich einfache Essen ist eine Bereicherung für unser aller Speisepläne. Linsen gehören zu den ältesten Kulturpflanzen und waren schon im Alten Ägypten ein Grundnahrungsmittel. Inzwischen sind sie auf der ganzen Welt bekannt.

Linsen liefern eine gesunde Kombination aus Eiweiß und Kohlenhydraten, dazu wenig Fett und eine Menge Ballaststoffe, genau das macht diese Mini-Hülsenfrüchte zu wahren Stars auf unserem Tisch. Diese Nährwerte können Fleischmahlzeiten komplett von unseren Tellern verdrängen, dafür landen dort viele Mineralstoffe, Spurenelemente und Vitamine, aber wenig Cholesterin und gesättigte Fettsäuren.

Linsen sind reich an B-Vitaminen, Eisen, Selen, Kalzium, Zink und Phosphor. Die 3 bis 7 mm kleinen Samen liefern auch Kalium, Magnesium, Kupfer, Folsäure, Molybdän, Chrom und Pantothensäure. Außerdem sind sie reich an essenziellen Aminosäuren wie Tryptophan, Methionin, Phenylalanin und anderen. Nachdem der Tisch jetzt schon so reich gedeckt ist mit Nährstoffen, brauchen wir für unsere Rezepte keine weiteren Zutaten.

Wer Abwechslung auf dem Speiseplan möchte, dem bieten Linsen eine Auswahl in unterschiedlichen Farben und Geschmacksnoten. Es gibt Linsen in Gelb, Rot, Braun, Grün und Schwarz. Der Geschmack reicht von mild-erdig bis süßlich-nussig. Die Aromastoffe befinden sich in der Schale der kleinen flachen Kugeln, die botanisch zur Familie der Hülsenfrüchtler zählen genau wie Bohnen, Erbsen und Sojabohnen.

Die bekanntesten Linsen hierzulande sind die braunen Tellerlinsen, sie sind ideal für Eintöpfe, weil sie beim Kochen weich und sämig werden. Ebenfalls braun, aber etwas kleiner und aromatischer im Geschmack sind Berglinsen. Die grüne Puy-Linse kommt aus Frankreich und wird dort oft für Salat verwendet. Rote Linsen sind geschält und können ohne Einweichen gegart werden. Sie zerfallen leicht und nehmen gut das Aroma von Gewürzen an. Beluga- oder Kaviarlinsen sind schwarze Linsen mit einem besonders feinen Aroma.

Einkauf und Lagerung

Wer sich zu Hause einen Vorrat an Lebensmitteln anlegen möchte, der ist mit Linsen eigentlich jeder Art gut beraten. Linsen werden immer im getrockneten Zustand angeboten, sie sind mindestens 1 Jahr, wenn nicht länger, haltbar. Beim Kauf egal welcher Linsensorte sollte darauf geachtet werden, dass in der Packung keine mehligen Ablagerungen vorhanden sind. Das könnte ein Zeichen für einen Parasitenbefall sein. Linsen machen es uns in puncto Lagerung recht einfach, sie begnügen sich mit einem kühlen, dunklen Ort, an dem es nicht feucht ist. Empfehlenswert ist ein luftdicht verschlossenes Gefäß.

Die Zubereitung der unterschiedlichen Linsensorten weicht etwas voneinander ab. Für alle Sorten gilt aber, es ist recht unkompliziert, bei manchen Sorten ist es allerdings etwas zeitaufwendiger als bei anderen. Einige Sorten müssen für ein paar Stunden eingeweicht werden, rote Linsen, die hier verwendet werden, brauchen das nicht. Es gibt feste und mehlige Sorten, schalenlose Linsen zerfallen sehr schnell, die festeren behalten mehr Biss.

Roter Linseneintopf (indisches Dal)

Dieses Linsen-Dal ist das Grundrezept für die folgenden Gerichte. Das wirklich Tolle an diesem Rote-Linsen-Eintopf ist, dass er warm, aber auch kalt in einer Salatbowl schmeckt. Zudem verarbeiten wir ihn weiter zu köstlichen Linsen-Burgern. Deshalb ist dieses Rezept gleich für eine größere Menge angesetzt. Man kann es für mehrere Tage im Voraus zubereiten und es ist auch als Meal Prep für die Lunchbox geeignet.

Zubereitungszeit: ca. 50 Min. / Für 2 ½ bis 3 l

Grundrezept
Zutaten:

400 g Kartoffeln
400 g Möhren
1 große Gemüsezwiebel oder 3 normale Zwiebeln
4 frische Knoblauchzehen
500 g rote Linsen
Rapsöl
100–150 g Tomatenmark
1½–2 l Wasser
400 ml Gemüsefond (dann etwas weniger Wasser) oder 3 Gemüsebrühwürfel
2 Dosen geschälte stückige Tomaten (à 400 g)
Steinsalz
Pfeffer aus der Mühle
Harissa (scharfe Gewürzmischung)
geräuchertes Paprikapulver
Kumin/Kreuzkümmelpulver
zum Garnieren etwas Minze und milde Chili oder Petersilie

Tipp:

Für ein Dal und eine Bowl nur die halbe Menge der Linsen verwenden.

Alles verwenden:
Die Gemüseschalen für den Gemüsefond (siehe S. 161) aufbewahren.

Zubereitung:

1. Kartoffeln, Möhren, Zwiebeln und Knoblauch schälen und in kleine feine Würfel schneiden. Die Linsen in einem Sieb gründlich mit Wasser abwaschen.

2. Einen großen Topf mit etwas Rapsöl erhitzen. Zwiebeln und Knoblauch darin glasig dünsten. Dann das Tomatenmark dazugeben, mit Zwiebeln und Knoblauch kurz andünsten und danach mit einem Drittel des Wassers ablöschen. Nun die Möhren und die Kartoffeln hinzufügen und 5 Minuten köcheln lassen. Nach weiteren 5 Minuten den Gemüsefond dazugeben. Bei Verwendung von Brühwürfeln, diese in heißem Wasser auflösen und dann dazugeben. Alles für weitere 5 Minuten köcheln lassen, dann die Linsen dazugeben und erneut 15 Minuten unter häufigem Rühren bei mittlerer Hitze köcheln lassen.

3. Die Tomaten aus der Dose dazugeben, die Dose mit etwas Wasser ausspülen (meistens bleibt in der Dose noch etwas Tomatenflüssigkeit, die auch verwendet werden kann) sowie das restliche Wasser zu den Linsen geben. Weitere 10 Minuten unter ständigem Rühren bei schwacher Hitze leicht köcheln lassen. Das Dal mit den Gewürzen abschmecken und zum Servieren nach Belieben mit Minze, Chili oder Petersilie garnieren.

Linsen-Dal-Salat

Eine super Kombi ist auch ein frischer Salat mit kalten Linsen. Hier eignen sich zu den süßlich-nussigen, leicht scharf schmeckenden Linsen ein Salat aus Radicchio wegen der zarten Bitterstoffe sowie sehr knackige Endivienblätter, Tomaten und Gurken, angemacht mit etwas Apfelessig und Olivenöl. Als Topping kommen fein gehackte Petersilie und Brokkolisamen dazu, diese enthalten Sulforaphan. Dieser sekundäre Pflanzenstoff ist ein Senföl, dem verschiedene Wirkungen zugesprochen werden. Er ist antimikrobiell und hilft, Viren, Pilze und Bakterien wirksam zu bekämpfen. Die Konzentration von Sulforaphan in Brokkolisamen ist zwar am höchsten, aber auch Brokkoli selbst enthält eine Menge davon.

Zubereitungszeit: ca. 10 Min. / Für 2 Personen

Zutaten:

1 mittelgroßer Radicchio
2 große Endivienblätter
1 Tomate
½ Salatgurke
2 Kellen kalte Linsen
3 EL naturtrüber Apfelessig (unpasteurisiert)
2–3 EL Olivenöl
Steinsalz
Pfeffer aus der Mühle
3 EL Apfelsaft (wenn das Dressing zu sauer ist)
1 EL Brokkolisamen
2 Stiele Petersilie (gewaschen)

Zubereitung:

1. Die Salatblätter waschen und trocken tupfen. Tomate und Gurke waschen, putzen und klein schneiden. Alles in einer Schüssel anrichten und mit Linsen vermischen.

2. Apfelessig und Olivenöl zu einem Dressing verrühren und mit Salz und Pfeffer würzen. Nach Belieben Apfelsaft unterrühren. Mit dem Salat vermischen und mit Brokkolisamen und Petersilie garnieren.

Linsen-Burger aus dem Ofen

Für die Linsen-Burger wird das Dal weiterverarbeitet. Am besten am nächsten oder übernächsten Tag.

Zubereitungszeit: ca. 30 Min. / Für ca. 5 Burger

Zutaten:

2 EL Chiasamen
5 EL Wasser
7–8 gehäufte EL Linsen-Dal

Zubereitung:

1. Die Chiasamen mit 5 EL Wasser vermischen und 5 Minuten quellen lassen.
2. Linsen-Dal in eine Schüssel geben und mit einem Stabmixer oder einem Multizerkleiner fein pürieren. Den Backofen auf 170 bis 180 °C (Umluft) vorheizen.
3. Die Chiasamen unter die pürierte Linsenmasse rühren und die Burger am besten mit einem Backring in der gewünschten Burgergröße auf einem Backblech mit Backunterlage portionieren. Oder mit den Händen zu Burgern formen. Etwa 10 bis 20 Minuten je nach Größe der Burger backen.

SÜSSKARTOFFEL

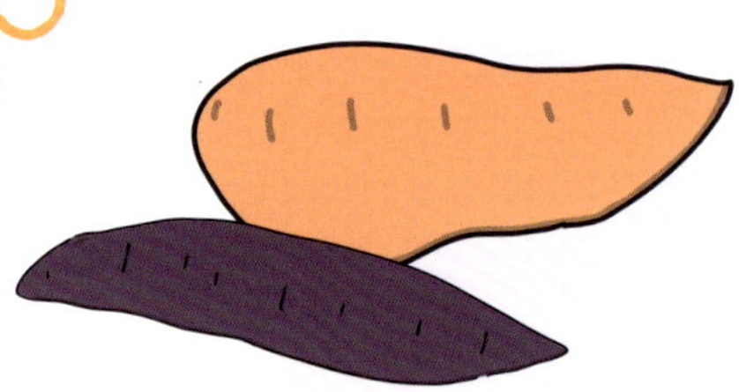

Die Süßkartoffel zählt zu den gesündesten und nährstoffreichsten Gemüsearten. Des Deutschen liebste Knolle ist die Kartoffel, aber die Süßkartoffel wird auch immer beliebter und das ist auch gut so! Der Bekanntheitsgrad der Süßkartoffel hierzulande ist erst in den letzten Jahren stark angestiegen. Peruanische Höhlenmalereien zeigen jedoch, dass die Süßkartoffel in Zentral- und Südamerika bereits vor 10 000 Jahren auf dem Speiseplan stand. Süßkartoffeln werden auch Bataten genannt, sehen ähnlich aus wie Kartoffeln und werden auch ähnlich zubereitet. Beide Gemüse sind aber nur entfernt miteinander verwandt, während Kartoffeln Nachtschattengewächse sind, sind Bataten Windengewächse, also Kletterpflanzen. Wie wir wissen, ist bei der deutschen Kartoffel nur die Knolle essbar und das auch nur gegart. Bei der Süßkartoffel ist aber auch das Grün essbar. In ihren Heimatländern wird es traditionell als spinatähnliche Beilage verwendet.

Süßkartoffeln stammen aus Südamerika und lieben tropisches Klima. Die orangerosafarbene Knolle wurde von Christoph Kolumbus Ende des 15. Jahrhunderts von seinen Reisen nach Europa gebracht und fand in Portugal und Spanien gute Wachstumsbedingungen. Lange Zeit war sie die Speise der Armen, erst als das Gerücht kursierte, die Wunderknolle wäre ein Aphrodisiakum und wirke potenzsteigernd, wurde sie im Nu auch eine beliebte Speise der Reichen.

Angebaut werden Süßkartoffeln in Italien, Spanien und Portugal, mittlerweile aber auch in Deutschland und der Schweiz. Der größte Teil der gesamten Weltproduktion kommt jedoch mit rund zwei Dritteln aus China, gefolgt von afrikanischen Ländern wie Nigeria und Tansania. Ein Hauptgrund für die Beliebtheit der Batate ist sicherlich ihre enorme Wandlungsfähigkeit in der Küche – ob als Pommes, Süßkartoffelstampf, zum Backen als Gemüsenudeln, im Eintopf oder als Chips zum Knabbern. Süßkartoffeln lassen sich im Gegensatz zu Kartoffeln auch sehr gut roh verzehren. Sie schmecken dann köstlich süß, saftig und knackig – fast wie eine perfekte Möhre, nur noch ein bisschen besser. In einem Salat ist sie eine gute Alternative zur Möhre. Der Rohverzehr sollte aber nicht übertrieben werden, denn das Wurzelgemüse enthält wie Rhabarber auch Oxalsäure. Diese wird erst durch das Erhitzen reduziert. Besonders beliebt ist die „Sweet Potato" in den USA und gehört zum traditionellen Thanksgiving-Menü mit Truthahn als Püree unbedingt dazu.

Die gesundheitsfördernden Aspekte der süßen Knolle haben es in sich. So enthält die Süßkartoffel, wie der Name schon fast vermuten lässt, viel Zucker, was aber

kein Grund zur Sorge ist. Auch wenn sie fast dreimal so viel Zucker enthält wie eine herkömmliche Kartoffel, steigt der Blutzuckerspiegel nur sehr langsam an und führt durch den hohen Ballaststoffgehalt zu einer langen Sättigung. In Sachen glykämischer Index liegt die Süßkartoffel mit einem Wert von 11 vorn. Im Vergleich dazu hat Weißbrot einen GI-Wert von 40, Vollkornnudeln haben einen GI-Wert von 26. Für ein kohlenhydrathaltiges Lebensmittel ist dieser Wert sehr niedrig. Die in der tollen Knolle enthaltene Stärke ist im Gegensatz zu der enthaltenen Stärke in der herkömmlichen Kartoffel wesentlich komplexer und wirkt sich daher günstiger und besser auf den körpereigenen Insulinspiegel aus. 2006 konnten italienische und österreichische Forscher herausfinden, dass die „Sweet Potato" auch noch eine wirkliche Wundersubstanz enthält: das Caiapo! Dieser Stoff, der besonders in den Schalen steckt, kann den Blutzuckerspiegel regulieren. Das ist aber noch lange nicht das gesamte Gesundheitspotenzial, das uns die Süßkartoffel bietet. Sie enthält außerdem wenig Fett, aber viele Vitamine. Kein anderes fettarmes Nahrungsmittel liefert so viel fettlösliches Vitamin E, das unsere Zellen vor frühzeitiger Alterung schützt. Der Gehalt von Betacarotin ist fast so hoch wie in Möhren. Unser Körper wandelt das Betacarotin in Vitamin A um, es wirkt zellschützend und stärkt unsere Abwehrkräfte. Um diesen Vorgang zu unterstützen, sollte in jedem Süßkartoffelrezept auch etwas hochwertiges Öl enthalten sein. Auch die Vitamine der B-Gruppe stärken die Abwehrkräfte und die Muskeln und schützen das Herz. Der hohe Kaliumanteil ist ein wahrer Stresskiller. Die enthaltenen Carotinoide gehören zur Gruppe der Antioxidantien, wirken gegen Entzündungen im Körper, können aber auch Arteriosklerose, Rheuma, Alzheimer, Parkinson, grauem Star und weiteren Erkrankungen vorbeugen.

Spätestens jetzt müsste jedem klar sein, was für ein prall gefülltes Vitalstoffpaket wir mit dem Verzehr einer einzigen Süßkartoffel zu uns nehmen.

Einkauf und Lagerung

Das Wurzelgemüse ist grundsätzlich das ganze Jahr über erhältlich. In Deutschland wird es im September geerntet. Wegen ihrer Lagerfähigkeit sind Süßkartoffeln dann bis Dezember in den Regalen zu finden. Selbstverständlich sollten wir beim Kauf darauf achten, dass die Knolle fest ist und nicht schrumpelig und dass sie keine feuchten Stellen aufweist. Am besten sollten wir unser Gemüse saisonal und regional und in Bio-Qualität kaufen. Auf Wochenmärkten ist die Chance am größten, die regionalen Knollen in die Hände zu bekommen. Süßkartoffeln sollten dunkel gelagert werden, damit sie nicht austreiben. Im Kühlschrank empfiehlt sich das nicht so kalte Gemüsefach. Ideal zum Lagern ist eine Speisekammer oder ein trockener und kühler Keller. Im gegarten Zustand lassen sich Süßkartoffeln auch einfrieren.

Süßkartoffelcurry

Zubereitungszeit: ca. 25 Min. / Für 4 Personen

Zutaten:

2 Süßkartoffeln
2 Möhren
4 Frühlingszwiebeln
1 rote Paprikaschote
200 g Zuckerschoten
2 frische Knoblauchzehen
2–3 dünne Scheiben Ingwer
2–3 EL Sesamöl
150 ml Gemüsefond oder Gemüsebrühe
150 ml Orangensaft
1 EL Cashewmuspaste
1–2 EL mildes Currypulver
1 EL Tomatenmark
Saft von ½ Zitrone
1 TL geriebener Ingwer
500 ml Kokosmilch
Steinsalz, Pfeffer aus der Mühle
ca. 100 g Tiefkühl-Erbsen
1 Bund Koriander (gewaschen)
1 Handvoll Cashewkerne oder Erdnusskerne

Alles verwenden:
Aus den Süßkartoffelschalen werden knusprige Chips (siehe S. 154), Kartoffel- und Knoblauchschalen werden für den Gemüsefond (siehe S. 161) verwendet.

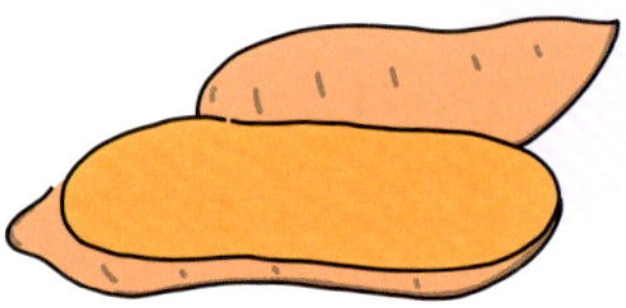

Zubereitung:

1. Die Süßkartoffeln und die Möhren waschen und mit einem Sparschäler schälen. Frühlingszwiebeln und Paprikaschote putzen und waschen. Die Süßkartoffeln in Stifte schneiden, die Zuckerschoten halbieren, die Möhren in dünne Scheiben schneiden oder hobeln. Frühlingszwiebeln in feine Ringe schneiden, Knoblauchzehen schälen und fein hacken. Ingwerscheiben in ganz feine Stifte schneiden.

2. Das Gemüse in einer großen Pfanne mit dem Sesamöl anbraten. Mit Gemüsebrühe und Orangensaft aufgießen. Die Cashewmuspaste in ein Schraubglas geben, etwas warmes Wasser dazugeben, das Glas gut verschließen und schütteln. Die cremige Nusspaste und das Currypulver zum Gemüse geben. Das Tomatenmark, den Zitronensaft, geriebenen Ingwer und Kokosmilch hinzufügen, mit Salz und Pfeffer würzen. Alles gut verrühren und unter Rühren 2 bis 3 Minuten bei schwacher Hitze köcheln lassen. Nun die Tiefkül-Erbsen dazugeben und weitere 10 Minuten leicht köcheln lassen.

3. Das Curry zum Schluss mit geschlossenem Deckel noch 5 Minuten ziehen lassen. Zum Servieren den Koriander frisch zupfen und das Curry damit und mit Ingwerstiften und Nüssen garnieren.

Süßkartoffel-Zoodles mit Cremesauce und Champignons

Zubereitungszeit: ca. 20 Min. / Für 2 Personen

Zutaten:
1 Süßkartoffel (ca. 800 g)
Steinsalz
1 Schalotte
4 Champignons
1 EL Rapsöl
2 EL Cashew-Frischkäse oder
Nusspaste
Pfeffer aus der Mühle
veganer Cashew-Parmesan (siehe S. 53)
3 Stiele Petersilie (gewaschen)

Alles verwenden:
Aus den Süßkartoffelschalen werden knusprige Chips (siehe S. 154), Schalottenschalen werden für den Gemüsefond (siehe S. 161) verwendet.

Zubereitung:

1. Die Süßkartoffel waschen und mit einem Sparschäler schälen, dann mit einem Spaghettischneider in lange, dünne Streifen schneiden. In einem Topf mit Dämpfeinsatz geben und mit geschlossenem Deckel 3 bis 4 Minuten garen oder in Salzwasser etwa 10 Minuten gar köcheln lassen.

2. Die Schalotte schälen und fein würfeln, die Pilze putzen und in dünne Scheiben schneiden. Die Schalotte in einer Pfanne mit dem Rapsöl anbraten, die Champignons dazugeben und ebenfalls gut anbraten. Den Cashew-Frischkäse oder die Nusspaste in ein kleines Schraubglas geben und dazu die doppelte Menge an lauwarmem Wasser geben, das Glas zuschrauben und gut schütteln. Die cremige Sauce in die Pfanne zu den Pilzen geben. Alles gut vermengen und einige Minuten leicht erwärmen.

3. Die Süßkartoffel-Spaghetti in die Pfanne zur Sauce geben und unterheben. Mit Salz und Pfeffer würzen. Zum Anrichten mit dem Cashew-Parmesan und der Petersilie garnieren.

Saftiges Süßkartoffelbrot mit Sonnenblumenkernen

Zubereitungszeit: ca. 1 Std. 40 Min. / Für 1 Kastenform (25 cm Länge)

Zutaten:

2 große Süßkartoffeln
130 g Buchweizenmehl
1 TL Leinsamen
60 g Sonnenblumenkerne
½ TL fein gemahlener Ysop
1 gestrichener TL Natron
3 TL Pfeilwurzelstärke (alternativ Kartoffel- oder Maisstärke)
1 TL Steinsalz
3 EL naturtrüber Apfelessig (unpasteurisiert)

Zubereitung:

1. Süßkartoffeln waschen und mit einem Sparschäler schälen ◉. In etwa ½ cm breite Stücke schneiden und in einem Topf mit etwas Wasser bedecken. 10 bis 15 Minuten garen, bis sich die Stücke zerdrücken lassen. Das Kochwasser bis auf einen kleinen Rest abgießen. Die Süßkartoffeln mit einer Gabel oder einem Kartoffelstampfer zu Brei verarbeiten. Diesen Brei, der weich, cremig und saftig sein soll, aber nicht zu flüssig, kurz abkühlen lassen. Den Backofen auf 200 °C vorheizen.

2. Die restlichen Zutaten zum Süßkartoffelstampf geben und mit den Händen zu einem Teig verkneten. Diesen etwa 20 bis 30 Minuten ruhen lassen.

3. Dann den Teig zu einem rechteckigen Brotlaib formen, in eine mit feuchtem Backpapier ausgelegte Backform (25 cm Kantenlänge) legen. Etwa 40 bis 50 Minuten im vorgeheizten Ofen backen, den Backofen ausschalten und das Brot noch etwas ziehen lassen. Eventuell mit einem Holzstäbchen durch Hineinstechen überprüfen, ob das Brot durchgebacken ist.

Knusprige Chips aus der Süßkartoffelschale

Zubereitungszeit: ca. 1 Std.

Zutaten:
Schalen der Süßkartoffel
Olivenöl
Steinsalz
Paprikapulver (wer mag)

Zubereitung:

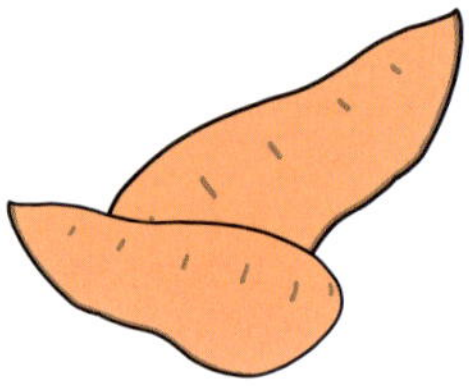

1. Die Schalen der Süßkartoffel in eine Schüssel geben und mit Olivenöl beträufeln. Mit Steinsalz und/ oder nach Belieben Paprikapulver würzen und alles gründlich miteinander vermengen. Den Backofen auf 160 °C (Umluft) vorheizen.

2. Die Süßkartoffelschalen auf einem Backblech verteilen, sie sollten einzeln liegen. Etwa 10 bis 15 Minuten im Ofen backen, den Ofen ausschalten und die Chips noch 30 bis 40 Minuten im Ofen bei geschlossener Tür auskühlen lassen.

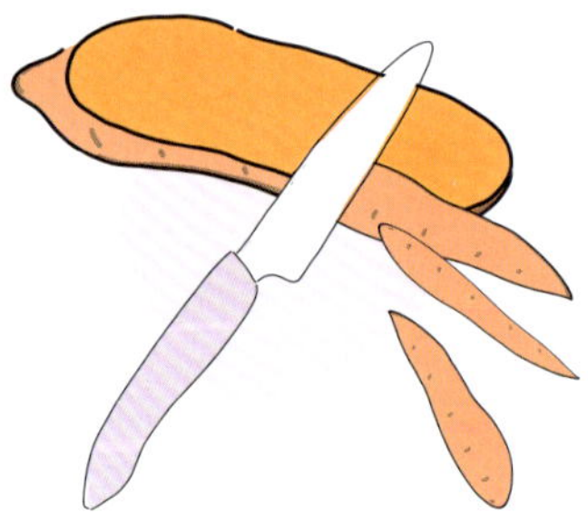

3. Für die Backzeit ist auch immer die Dicke der Schalenstücke verantwortlich, je dünner, desto schneller sind die Chips knusprig.

4. Selbstverständlich können auch Chips aus der Süßkartoffel selbst gemacht werden, dazu einfach mit dem Sparschäler dünne Scheiben von der Süßkartoffel herunterschneiden und genau wie beschrieben zu Chips verarbeiten.

Eingelegte Tomaten

Tomaten sind sehr oft in Öl eingelegt, es geht aber auch ohne!
Dieses Rezept ist vielseitig einsetzbar als Antipasti, als Brotbelag oder zum Weiterverarbeiten für köstliche Saucen oder Dips.
Tomaten enthalten Lykopin. Dieser Inhaltsstoff ist in getrockneten Tomaten und auch in Tomatenmark noch intensiver als in frischen. Lykopin ist ein sekundärer Pflanzenstoff und ein Mitglied der Carotinoidfamilie mit einem hohen Antioxidantienanteil, die unsere Zellen vor freien Radikalen schützen. Zudem stärken sie unsere körpereigene Abwehr und das Immunsystem.

Zutaten:

3 EL naturtrüber Apfelessig
200 g getrocknete Tomaten
2 frische Knoblauchzehen
1 Zweig Rosmarin (gewaschen)
1 EL Olivenöl

Zubereitung:

1. In einem Topf 700 ml Wasser zum Kochen bringen. Essig dazugeben und die getrockneten Tomaten hineinlegen. Bei mittlerer Hitze 4 bis 5 Minuten köcheln lassen und von der Herdplatte nehmen.

2. Den Knoblauch schälen ◉ und halbieren. Mit dem Rosmarinzweig in das gut gereinigte Einmachglas (750 ml) legen. Die Tomaten mit dem Kochwasser in das Glas füllen. Mit dem Olivenöl bedecken und das Glas verschließen. Die Tomaten sind etwa 4 bis 6 Wochen haltbar.

Vorgekochte Kartoffeln

Ich habe immer vorgekochte Kartoffeln im Haus. Die Kartoffel ist ein basisches Lebensmittel und passt zu allem. Der Erdapfel eignet sich sehr gut als Basis für Suppen, Saucen oder für Dips. Als Beilage ist die Grumbeere (so werden Kartoffeln in der Pfalz genannt) natürlich in aller Munde, aber eine vorgekochte Kartoffel kann noch mehr. In Scheiben aufgeschnitten, ist sie ein Brotersatz zum Beispiel mit etwas Hummus. So wird daraus ein kleiner Snack für zwischendurch, der wunderbar lecker und gesund ist. Kartoffeln enthalten Niacin, das Vitamin B3. Es spielt eine zentrale Rolle beim Energiestoffwechsel und unterstützt Nerven, Muskeln und Haut. Zudem sind Vitamin B1, B2 und B6 vorhanden und beachtlich ist auch der Anteil an Magnesium, Kalium und Eisen.

Zum Vorkochen eignen sich festkochende und vorwiegend festkochende Sorten. Die Kartoffeln werden nicht geschält, sondern mit einer Gemüsebürste geputzt und dann in Salzwasser gekocht. Dann das Wasser abgießen und die Kartoffeln in einem Sieb abtropfen lassen. Abgekühlt in eine Schüssel geben und im Kühlschrank aufbewahren. Die Kartoffeln halten sich 5 bis 6 Tage.

Grüne Sauce mit 7 Kräutern

Meine grüne Sauce ist im Prinzip eine moderne und vegane Abwandlung der klassischen Frankfurter grünen Sauce, „Grie Soß". Die Kräuter werden hier nur gemixt und nicht gekocht, deshalb bleiben viele der kostbaren Nährstoffe erhalten. Enthalten sind traditionell Schnittlauch, Borretsch, Pimpinelle, Kerbel, Sauerampfer, Petersilie und Kresse. Diese Kräuter können aber auch je nach Vorliebe individuell kombiniert werden. Kaufen Sie auf dem Markt die 7-Kräuter-Mischung oder stellen Sie sich Ihre Kräuter selbst zusammen.

Die Sauce kann warm zu den verschiedensten Gerichten serviert werden. Sie kann aber auch kalt wie eine Remoulade als Dip gegessen werden.

Zutaten:

100 ml heißer Gemüsefond oder Wasser
ca. 250 g Kräuter
4 kleine gekochte Kartoffeln
1 geschälte Knoblauchzehe
2 EL Olivenöl
1 EL Limettensaft
Steinsalz
Pfeffer aus der Mühle

Zubereitung:

Gemüsefond oder Wasser erhitzen. Die Kräuter waschen und samt Stängeln mit Kartoffeln, Knoblauch, Olivenöl und Limettensaft in den Mixer geben.
Mit Salz und Pfeffer würzen und pürieren. Gekühlt hält sich die Sauce 2 bis 3 Tage.

Senfsauce mit Buchweizen

Diese Sauce ist so lecker und verfeinert jedes Gericht, ob warm oder kalt als Dip, Topping oder Sauce. Sie ist glutenfrei und eignet sich als Grundlage für viele cremige Suppen und Gemüsegerichte. Genau wie Senf an sich passt diese Sauce zu fast jedem Gericht.
Sie kommt mit wenigen Zutaten aus und ist schnell gemacht. Auf der Grundlage ein Teil Fett und zwei Teile Mehl im Verhältnis kann die Menge beliebig erweitert werden. Mit entsprechend mehr oder weniger Flüssigkeit kann die Konsistenz der Sauce schnell je nach Wunsch verändert werden. Die Senfsauce kann über mehrere Tage im Kühlschrank aufbewahrt werden.
Ich würde hier ein desodoriertes Kokosöl empfehlen, dann ist der Kokosgeschmack nicht so präsent.

Zutaten:

1 EL Kokosöl
2 EL Buchweizenmehl
¼ l Wasser oder etwas mehr
2 gehäufte EL mittelscharfer oder scharfer Senf
etwas Steinsalz

Zubereitung:

1. Die Mehlschwitze sollte in einem Topf mit schwerem Boden oder einer Pfanne zubereitet werden. Bei einer Pfanne sollten Sie besser mit einem Holzlöffel rühren, bei einem Topf geht auch ein Schneebesen.

2. Das Kokosöl bei mittlerer Hitze schmelzen, das Fett sollte nicht zu heiß sein und keine Blasen bilden. Die Temperatur etwas herunterschalten. Jetzt unter ständigem Rühren das Buchweizenmehl einrieseln lassen. Hierbei ist es wichtig, dass das flüssige Fett das Mehl gleichmäßig aufnimmt, sonst klumpt die Sauce später. Beide Zutaten sollten sich jetzt zu einer streichfähigen Masse verbunden haben, der sogenannten Mehlschwitze.

3. Jetzt langsam unter ständigem Rühren das Wasser nach und nach dazugeben und kräftig weiterrühren. Durch das Wasser wird die etwas zähe Mehlschwitze wieder flüssiger und sämig. Wichtig: nicht zu viel Wasser auf einmal dazugeben.

4. Den Senf dazugeben und gut weiterrühren, bis sich alles gut mit der Mehlschwitze verbunden hat. Anschließend wieder etwas Wasser dazugießen und unterrühren. So lange Wasser dazugießen, bis die Sauce die gewünschte Konsistenz erreicht hat. Die Sauce bei schwacher Hitze 10 bis 15 Minuten köcheln lassen, dadurch verliert sie den Mehlgeschmack. Mit Salz abschmecken.

Zitronensalz

Mit dem Zitronensalz bringt man in jedes Rezept einfach und schnell Frische und den gewissen Pep.

Für das Zitronensalz empfehle ich Himalaja-Salz, Steinsalz, Ursalz oder Meersalz. Man sollte kein industriell gebleichtes oder verarbeitetes Salz verwenden. Denn meiner Erfahrung nach schmecken die naturbelassenen Salze viel intensiver, dadurch benötigt man auch weniger, um ein Gericht zu würzen. Das Zitronensalz verfeinert sowohl herzhafte als auch süße Speisen.
Wer seinem Salz und damit auch seinen Speisen eine spezielle Note verpassen möchte, kann das sehr einfach mit dem Zitronensalz machen.
Die Zitrone ist ein bekannter Lieferant von Vitamin C, wie wir alle wissen, aber sie enthält auch Kalium und zwar besonders in der Schale. Kalium unterstützt den Körper beim Entwässern.

Zutaten:

1 mittelgroße Bio-Zitrone
ca. 100 g Salz in guter Qualität

Zubereitung:

Die Bio-Zitrone mit etwas Essigwasser waschen, mit einem Sparschäler abschälen und die Schale auf einem Gitter oder Netz einige Tage trocknen lassen. Dann mit gutem Stein- oder Meersalz in einem Multizerkleinerer oder Mixer zerkleinern. Je nachdem wie lange man mixt, wird das Zitronensalz eher gröber oder auch ein ganz feines Pulver.

Gemüsefond – wirklich alles verwerten

Aus den Schalen und Resten von biologisch angebauten Gemüsen lässt sich ein wunderbarer Gemüsefond herstellen. So verwenden wir wirklich sinnvoll alles vom Gemüse. Gerade in den Schalen befinden sich viele wertvolle Inhaltsstoffe, es ist also jedes Mal Verschwendung von Nährstoffen und Ressourcen, wenn wir Schalen und Reste wegwerfen. Dieser Gemüsefond ist wirklich nachhaltig und macht jedes Gericht schmackhaft. Die Inhaltsstoffe aus den gesammelten Schalen und Gemüseresten sind hoch konzentriert und ausgewogen, deshalb ist dieser Fond nicht nur köstlich, sondern auch sehr gesund. Ob für schnelle Suppen, Saucen, Nudeln, Reis – der Gemüsefond ist sehr vielseitig verwendbar. Verschlossen im Glas, kann er mehrere Wochen aufbewahrt werden. Ich empfehle, den Fond in mehrere Gläser von etwa 250 ml bis 300 ml abzufüllen, so ist er gut portioniert.

Sammeln der Gemüsereste

Das Gemüse sollte immer gut gewaschen werden, am besten mit einer Gemüsebürste. Die Schalen, die Strünke und kleine Reste werden in einer verschließbaren Gefrierdose nach und nach gesammelt. Meistens hat man nicht schon genügend Gemüsereste von 1 oder 2 Rezepten beisammen, um daraus einen Fond zu kochen. Deshalb sammle ich die Reste über einen längeren Zeitraum. Ich friere sie ein und gebe jedes Mal die neuen Gemüsereste dazu.

Kochen der Gemüsereste

Die Gemüsereste in einem großen Topf mit so viel Wasser aufgießen, dass sie gut bedeckt sind. Damit sich das Fondkochen lohnt, möglichst viel Gemüse (etwa 1 kg auf 3 l Wasser) verwenden. Je mehr Gemüse, umso intensiver wird die Brühe. Salz und Gewürze nach Wahl (2–3 Lorbeerblätter, 2 Gewürznelken, 2–3 Wacholderbeeren, 2–3 Pimentkörner) dazugeben und alles aufkochen. Dann die Temperatur herunterschalten, einen Deckel auf den Topf geben und die Brühe 60 Minuten bei mittlerer Hitze köcheln lassen.

Gemüse abseihen und abfüllen

Gemüsebrühe in ein Sieb abgießen und den Fond auffangen. Hitzebeständige Einmachgläser heiß auswaschen, den abgeseihten Fond noch einmal erhitzen und dann warm in die Gläser füllen. Etwas abkühlen lassen und im Kühlschrank aufbewahren, so hält sich der Fond ungeöffnet über Wochen.

SAISONKALENDER

JANUAR

Aus frischer Ernte

Champignons • Chicorée • Feldsalat • Grünkohl • Lauch • Pastinaken • Rosenkohl

Aus der Lagerung

Äpfel • Birnen • Chinakohl • Kartoffeln • Knollensellerie • Kürbis • Rettich • Rote Bete • Rotkohl • Schwarzwurzel • Spitzkohl • Steckrüben • Weißkohl • Wirsing • Zwiebel

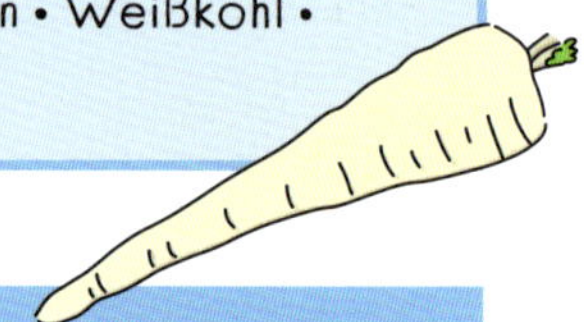

FEBRUAR

Aus frischer Ernte

Feldsalat • Grünkohl • Lauch • Pastinaken • Rosenkohl • Schwarzwurzel • Wirsing

Aus dem Gewächshaus

Chicorée • Champignons • Knollensellerie • Spinat

Aus der Lagerung

Äpfel • Chinakohl • Kartoffeln • Kürbis • Möhren • Rettich • Rote Bete • Spitzkohl • Steckrüben • Wirsing

MÄRZ

Aus frischer Ernte

Lauch • Pastinaken • Rosenkohl • Spinat

Aus dem Gewächshaus

Champignons • Chicorée • Knollensellerie • Radieschen

Aus der Lagerung

Äpfel • Chinakohl • Kartoffeln • Kürbis • Rettich • Rotkohl • Rote Bete • Spitzkohl • Weißkohl • Wirsing

APRIL

Aus frischer Ernte

Bärlauch • Brennnessel • Dill • Frühlingszwiebel • Lauch • Mangold • Rhabarber • Rucola • Schnittlauch • Spargel • Spinat

Aus dem Gewächshaus

Kohlrabi • Radieschen • Salat

Aus der Lagerung

Äpfel • Kartoffeln • Möhren • Rettich • Rote Bete

MAI

Aus frischer Ernte

Bärlauch • Löwenzahn • Lollo rosso/bionda • Mairüben • Petersilie • Pflücksalat • Radieschen • Rettich • Rhabarber • Rucola • Spargel • Spinat

Aus dem Gewächshaus

Champignons • Kohlrabi

Aus der Lagerung

Kartoffeln • Möhren • Rotkohl • Spitzkohl • Weißkohl

JUNI

Aus frischer Ernte

Blumenkohl • Bohnen • Brokkoli • Erbsen • Erdbeeren • Fenchel • Frühlingszwiebeln Johannisbeeren • Kohlrabi • Kirschen • Rhabarber • Mangold • Radieschen • Rettich • Rotkohl • Salate • Spargel • Spitzkohl • Stachelbeeren • Weißkohl

Aus dem Gewächshaus

Gurken • Tomaten • Zucchini

JULI

Aus frischer Ernte

Aprikosen • Beeren • Blumenkohl • Bohnen • Brokkoli • Erbsen • Fenchel • Kartoffeln • Kirschen • Knollensellerie • Kohlrabi • Mangold • Möhren • Nektarinen • Pfirsiche • Radicchio • Radieschen • Rote Bete • Salate • Weißkohl • Zucchini • Zwiebeln

Aus dem Gewächshaus

Gurken • Paprika • Tomaten

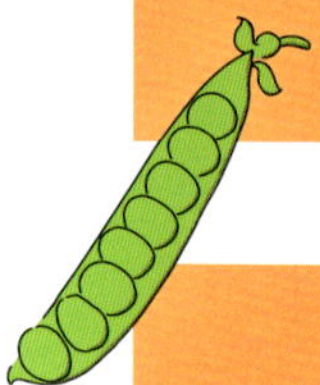

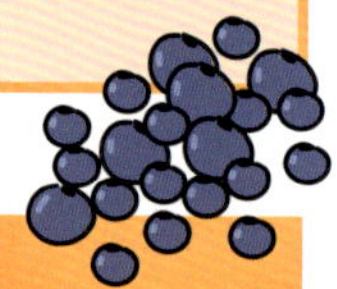

AUGUST

Aus frischer Ernte

Äpfel • Beeren • Birnen • Bohnen • Fenchel • Kirschen • Kohlrabi • Mangold • Mirabellen • Möhren • Pflaumen • Radieschen • Rote Bete • Salate • Zuckerschote • Zucchini • Zwetschgen

Aus dem Gewächshaus

Gurken • Paprika • Tomaten

SEPTEMBER

Aus frischer Ernte

Äpfel • Beeren • Birnen • Blumenkohl • Bohnen • Erbsen • Grünkohl • Kartoffeln • Kohlrabi • Kürbis • Mais • Mangold • Möhren • Pastinaken • Pflaumen • Rettich • Rosenkohl • Rotkohl • Rüben • Zucchini • Salate • Sellerie • Spinat • Schwarzwurzel • Trauben • Wirsing • Zwetschgen • Zwiebel

Aus dem Gewächshaus

Gurken • Tomaten

OKTOBER

Aus frischer Ernte

Äpfel • Blumenkohl • Bohnen • Brokkoli • Brombeeren • Erbsen • Esskastanien • Fenchel • Grünkohl • Kartoffeln • Kohl • Kohlrabi • Kürbis • Lauch • Mais • Mangold • Möhren • Nüsse • Pastinaken • Quitte • Radieschen • Rettich • Rote Bete • Rüben • Salate • Sellerie • Schwarzwurzel • Spinat • Trauben • Zucchini • Zwetschgen • Zwiebel • Wirsing

Aus dem Gewächshaus

Champignons • Chicorée

Aus der Lagerung

Birnen

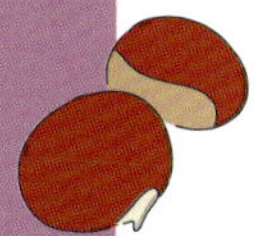

NOVEMBER

Aus frischer Ernte

Chinakohl • Feldsalat • Grünkohl • Knollensellerie • Kürbis • Lauch • Meerrettich • Pastinaken • Quitte • Radicchio • Rosenkohl • Rote Bete • Rotkohl • Schwarzwurzel • Steckrüben • Spinat • Spitzkohl • Weißkohl • Wirsing

Aus dem Gewächshaus

Champignons • Chicorée • Kohlrabi

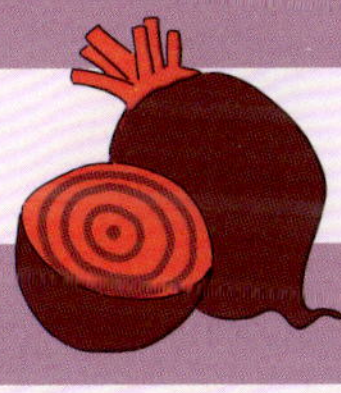

Aus der Lagerung

Äpfel • Birnen • Kartoffeln • Möhren • Rettich • Zwiebel

DEZEMBER

Aus frischer Ernte

Chinakohl • Feldsalat • Grünkohl • Lauch • Pastinaken • Rosenkohl

Aus der Lagerung

Äpfel • Birnen • Kartoffeln • Knollensellerie • Kürbis • Möhren • Radicchio • Rettich • Rote Bete • Rotkohl • Schwarzwurzel • Steckrüben • Spitzkohl • Weißkohl • Wirsing • Zwiebel

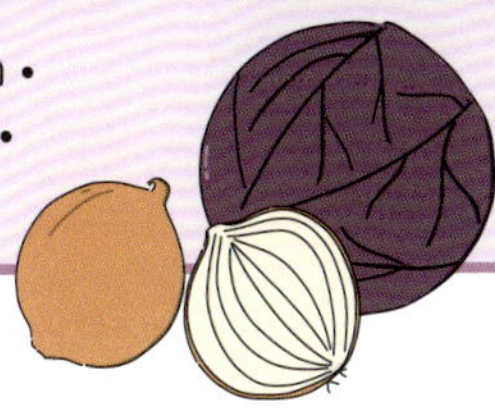

Andrea Sokol ist ein wahres Multitalent: Sie ist Ernährungsberaterin, Fernsehmoderatorin, Business-Coach, Bloggerin und ganz nebenbei schmeißt sie noch ihren beliebten Youtube-Kanal „OH LALA & SO LALA". Ihre Herzensthemen sind Nachhaltigkeit und eine pflanzenbasierte, gesunde Ernährungsweise. Sie ist gelernte Schauspielerin, studierte Politikwissenschaften an der Hochschule für Politik in München und ließ sich in Pflanzenheilkunde ausbilden. Sie lebt in München. Von Andrea Sokol bereits erschienen: „Kann ich selbst, mach ich selbst" bei Knaur Balance.

Kaiserstraße 14 b
D-80801 München

ISBN 978-3-96584-074-4
3. Auflage 2021

Projektleitung: Isabella Thiel
Rezepte und Texte: Andrea Sokol
Lektorat: Edelgard Prinz-Korte
Grafisches Konzept: ZERO Werbeagentur
Grafische Gestaltung: ZERO Werbeagentur, Sophia Stolz
Satz: Sophia Stolz
Fotografie: Martin Nink
Fotoassistenz und -styling: Andrea Sokol
Illustrationen: Manuela Kordel; Shutterstock: Klebebänder, Vor-/Nachsatz
Herstellung: Frank Jansen
Producing: Jan Russok
Druck und Bindung: optimal media GmbH, Röbel

Kurze Wege schonen die Umwelt
Dieses Buch wurde in Deutschland gedruckt

Im Buch enthaltene Fotos können zur eigenen Nutzung erworben werden unter www.stockfood.com

ZS – Ein Verlag der Edel Verlagsgruppe
www.zsverlag.de | www.facebook.com/zsverlag

Auf den Geschmack gekommen?

Sophia Hoffmann
Zero Waste Küche

24,99 € [D]
ISBN 978-3-89883-854-2

Gleich weiterkochen!

Jetzt überall, wo es gute Bücher gibt.